DIE AUTORIN

Foto: Philip Dehm

Noemi Christoph ist Coach, Autorin und Tarotreaderin. Sie unterstützt Frauen dabei, sich selbst anzunehmen und zu lieben, und gibt erfolgreich Tarot-Sessions für mehr Klarheit, Leichtigkeit und Empowerment. Sie schreibt regelmäßig für Yoga- und andere Blogs, u. a. das Tarotscope für Fuck Lucky Go Happy. Auf Instagram hat sie eine große Fangemeinde. Noemi Christoph lebt in Karlsruhe.
@noemichristoph/noemichristoph.com

Noemi Christoph

TAROT FÜR DICH

Selfcare und Empowerment
mit den »magischen« Karten

KÖNIGSFURT URANIA

Die in diesem Buch enthaltenen Informationen und Ratschläge wurden von der Autorin sorgfältig recherchiert und geprüft. Eine Garantie kann dennoch nicht übernommen werden. Die Informationen und Ratschläge sind außerdem nicht dazu gedacht, die Beratung durch einen Arzt oder Therapeuten zu ersetzen, sofern eine solche angezeigt ist.

Sollte diese Publikation Links zu Webseiten Dritter enthalten, so übernehmen wir für die Inhalte keine Haftung, da wir uns diese nicht zu eigen machen, sondern lediglich auf deren Stand zum Zeitpunkt der Erstveröffentlichung verweisen.

Eine Haftung der Autorin oder des Verlags ist ausgeschlossen.

Bibliographische Information der Deutschen Nationalbibliothek

Die Deutsche Nationalbibliothek verzeichnet diese Publikation in der Deutschen Nationalbibliographie; detaillierte bibliographische Daten sind im Internet über http://dnb.d-nb.de abrufbar.

Kartenabbildungen des Modern Witch Tarot von Lisa Sterle mit freundlicher Genehmigung von Liminal 11 Limited.

Originalausgabe
2. Auflage 2021

D-24796 Krummwisch
www.koenigsfurt-urania.com / www.tarot-online.com

Projektmanagement und Lektorat: Jennifer Lorenzen-Peth
Satz & Layout: Daniela Zietlow
Umschlagfoto: Philip Dehm

Druck und Bindung: Finidr s.r.o.
Printed in EU

ISBN 978-3-86826-556-9

MIX
Papier aus verantwortungsvollen Quellen
FSC www.fsc.org
FSC® C014138

Product footprint
CO_2 Neutral
NC-CFM-015258
www.nepcon.net

PRODUZIERT IN EUROPA

INHALT

Für Manuel und Hermine

DIESES BUCH IST FÜR DICH

DIESES BUCH IST FÜR DICH, wenn du neugierig auf Tarotkarten bist und Lust hast, mit den Karten zu arbeiten.

DIESES BUCH IST FÜR DICH, wenn du Tarotkarten schon lange nutzt und Lust hast, dich neu in die Karten zu verlieben.

DIESES BUCH IST FÜR DICH, wenn du dich ein bisschen ängstlich gegenüber den Karten fühlst, weil sie in Filmen oft unheimliche Ereignisse ankündigen. Danach wirst du keine Angst mehr haben!

DIESES BUCH IST FÜR DICH, wenn du gegenüber »Woowoo« skeptisch eingestellt bist und bisher nicht wusstest, dass du mit Tarotkarten nicht Romanzen weissagen, sondern dich selbst besser kennenlernen kannst.

DIESES BUCH SOLL DICH DABEI UNTERSTÜTZEN, dich den Karten zu nähern, von ihnen ermutigen und trösten zu lassen und sie zu nutzen, um Kraft für dein Leben daraus zu ziehen. Dieses Buch soll dir dabei helfen, deine eigene Stimme besser zu hören und deine ganz persönliche Selbstfürsorgepraxis zu entwickeln.

FALLS DU VORBEHALTE HAST, soll es dir diese nehmen und dir zeigen, dass du nichts zu befürchten hast, wenn du mit den »magischen« Karten arbeitest. Im Gegenteil, sie werden dein Leben enorm bereichern!

WENN DU DAS HIER LIEST, ist dieses Buch ganz genau das Richtige für dich und ich freue mich soo sehr, dass du es gefunden hast und ich dir die Welt der Tarotkarten näherbringen darf!

DIE TAROTKARTEN UND ICH – EINE LIEBESGESCHICHTE

Ich bin mit einer starken Mama aufgewachsen, die bereits mit Anfang zwanzig alleinerziehend war. Kurz darauf kamen meine Halbschwester und damit auch eine Vaterfigur in mein Leben, trotzdem wurde ich mütterlicherseits stark geprägt. Von meiner Mutter kam früh ein Interesse an Spiritualität abseits des Christentums in mein Leben. Ich kam bereits als Kind in Berührung mit Hinduismus, Yoga, alternativen Heilmethoden und auch Tarotkarten. Zur Bibliothek meiner Mutter gehörten ein altes Kartendeck und die Klassiker von Hajo Banzhaf und Rachel Pollack.

Als kleines Mädchen interessierten mich Hexen und Übernatürliches natürlich auch – Bibi Blocksberg und der kleine Vampir begleiteten mich als Hörspiele regelmäßig in den Schlaf!

Ähnlich wie meine Vorbilder war ich auch immer etwas anders als die anderen Kinder. Mit der Pubertät bekam ich das auch von außen gespiegelt. In der Schule wurde ich ausgegrenzt und gemobbt. Umso mehr wandte ich mich anderen Seiten zu, hatte eine rebellische Punk-Phase und pflegte mein Anderssein. Gewöhnlich sein? Konnte ja jede*r!

Tarotkarten mit ihrer geheimnisvollen Bildsprache passten hervorragend zu meiner Attitüde und so kaufte ich mir mit 16 mein erstes eigenes Deck von Waite. Allerdings wurde ich damals mit den Karten nicht warm. Alle Bedeutungen nachzuschlagen war mir zu mühsam, und ich hatte keine Geduld, die 78 Karten lesen zu lernen. So vergingen einige Jahre, in denen ich die Karten aus den Augen verlor.

Auf einem Yoga-Workshop vor ein paar Jahren kam ich erneut mit Tarotkarten in Berührung. Nach dem Workshop zückte die Lehrerin ihr Deck und bot an, uns noch die Karten zu legen. Sie hatte ein wunderschönes, modernes Deck, das so ganz anders aussah als die, die ich kannte, und ich war auf den ersten Blick in die Karten verliebt. Ich beschloss, Tarot eine zweite Chance zu geben, und bestellte mir das gleiche Deck aus den USA. Aber nachdem ich einige Wochen damit gearbeitet hatte, stellte ich fest, dass es keine gute Idee gewesen war, als blutige Anfängerin mit Karten zu legen, die die ursprüngliche Symbolik nicht wiedergaben.

So kam ich zurück zum Deck von Waite. Und diesmal hatte mich der Ehrgeiz gepackt! Ich wollte mit den Karten arbeiten können, und so fing ich an, zu lernen, was die einzelnen Karten bedeuten. Dabei begleiteten sie mich durch eine Phase des Umbruchs: Ich gab meinen festen Job als Software Consultant auf und begab mich in das Abenteuer einer Yogalehrerinnen-Ausbildung, lernte zu coachen und machte mich schließlich selbstständig. In dieser Zeit griff ich täglich zu meinen Karten und lernte, sie als treue Begleiter, Mutmacher und Tröster für mich zu nutzen.

Seitdem habe ich die Karten kennen und lieben gelernt. Immer noch greife ich jeden Morgen zu meinem Deck und stimme mich damit auf den Tag ein. Ich nutze die Karten zu besonderen Anlässen wie dem Beginn meines Zyklus oder den Mondphasen, um ganz bewusst Intentionen zu setzen oder mehr über mich zu erfahren. Wie ein vertrauter Freund sind die Karten ein konstanter Begleiter meines Alltags geworden. Ich nehme sie, wenn ich Trost oder Unterstützung brauche. In meiner Arbeit als Coach nutze ich sie, um mich vor einer Sitzung auf meine Klientin einzustimmen. Auf Partys unterstützen sie mich dabei, Menschen besser kennenzulernen und mich mit ihnen auf einem tiefsinnigeren Level als Small Talk zu unterhalten. Zuletzt haben mich meine Karten durch die Corona-Pandemie begleitet! Und dabei abermals gezeigt, dass sie mich dabei unterstützen, ganz bei mir zu bleiben und herauszufinden, was ich brauche, damit es mir gut geht, trotz allem, was im Außen passiert und was ich nicht beeinflussen kann.

Die Karten haben mir gezeigt, dass es normal ist, nicht nur durch schöne, sondern auch durch schwierige Phasen zu gehen. Sie helfen mir dabei, gute Zeiten bewusster wertzuschätzen und zu feiern, aber auch schlechte Phasen anzuerkennen und durchzustehen.

Mit Tarotkarten zu arbeiten, heißt radikale Ehrlichkeit mit sich selbst zu kultivieren, denn die Karten offenbaren dir Seiten an dir, die sonst niemand kennt. Dadurch geben sie dir aber auch einen ganzheitlichen Blick auf dich und deine Erlebnisse und schenken dir eine neue Freiheit, weil sie dir erlauben, dich als vielschichtiges Wesen zu erkennen und anzunehmen. Für mich sind meine Karten meine treuesten Begleiter und ich nehme sie fast überall hin mit, damit sie mich unterstützen können.

DIE WELT DER TAROTKARTEN

WIE EIN TAROTDECK AUFGEBAUT IST

In den nächsten Kapiteln möchte ich dir ein bisschen Background zu den Tarotkarten vermitteln. Welche Karten gehören eigentlich zu einem Tarotdeck?

Ein Tarotdeck ist immer gleich aufgebaut: Es sind immer 78 Karten, die die immer gleichen Archetypen und Situationen zeigen, in immer gleicher Reihenfolge. Ausnahmen bestätigen hier die Regel: Manches moderne Deck hat mehr Karten, wenn die Künstler*innen noch etwas hinzufügen wollten, und manchmal sind Karten in der Reihenfolge vertauscht.

Ein Tarotdeck wird in 22 große und 56 kleine Arkana unterschieden. »Arkanum« ist Latein und bedeutet »Geheimnis« – es gibt also große und kleine Geheimnisse, die mit den Tarotkarten erzählt werden. In der Großen Arkana findet man dabei die bekannten Archetypen des Tarot wie den Narren, die Hohepriesterin oder den Teufel. Sie zeigen universelle Urbilder, die über Landes- und Zeitgrenzen hinaus für uns Bedeutung haben. Nicht ohne Grund werden Tarotkarten deshalb seit Jahrhunderten genutzt, um sich und andere Menschen besser zu verstehen und einzuschätzen.

Rechts siehst du die Große Arkana aus dem Tarot von A. E. Waite, auf den folgenden Seiten die Kleine Arkana

0
DER NARR
I
DER MAGIER
II
B
J
DIE HOHEPRIESTERIN
III
DIE HERRSCHERIN
IV
DER HERRSCHER
V
DER HIEROPHANT
VI
DIE LIEBENDEN
VII
DER WAGEN
VIII
KRAFT
IX
DER EREMIT
X
RAD DES SCHICKSALS
XI
GERECHTIGKEIT
XII
DER GEHÄNGTE
XIII
TOD
XIV
MÄSSIGKEIT
XV
DER TEUFEL
XVI
DER TURM
XVII
DER STERN
XVIII
DER MOND
XIX
DIE SONNE
XX
GERICHT
XXI
DIE WELT

SCHWERTER

Die Kleine Arkana ist unterteilt in die Reihen der Schwerter, Kelche, Stäbe und Münzen. Jede Reihe steht dabei für eine anderes Element und die damit verbundene Qualität:

Die Schwerter stehen für das Element Luft und damit für alles Geistige, Möglichkeiten, Ideen, Neugier und Kommunikation.

Die Kelche stehen für das Element Wasser und damit für unsere Gefühlswelt, unsere Emotionen, Intuition, Geheimnisse und Spiritualität.

Die Stäbe stehen für das Element Feuer, für Kreativität und Umsetzungsstärke, Leidenschaft, Zielstrebigkeit und Abenteuer.

Die Münzen stehen für das Element Erde, für alles Materielle, Stabilität, Struktur, Sinnlichkeit, Erfüllung und auch für unseren Körper.

Jede Reihe geht von Ass (erste Karte) bis zehn, anschließend folgen die Hofkarten Page oder Bube, Ritter, Königin und König. Der König ist damit die höchste Karte jeder Reihe.

Beschreibungen aller Karten findest du im Hauptteil des Buches.

KELCHE

STÄBE

MÜNZEN

DIE URSPRÜNGE DER TAROTKARTEN

Um den Ursprung der Karten ranken sich allerlei Mythen. Sicher ist, dass das Wort Tarot aus dem Französischen stammt, wobei man sich jedoch uneins ist, ob die Bezeichnung von den bereits Anfang des 16. Jahrhunderts in Frankreich und Italien nachgewiesenen Namen Taraux und Tarocchi für Kartenspiele abstammt. Die Bedeutung des Namens ist nicht überliefert. Spielkarten als Gesellschaftsspiel an sich waren bereits zuvor verbreitet, wobei die Trumpfkarten (die Große Arkana) erst im 15. Jahrhundert in Mailand das erste Mal nachweisbar sind. Seit dem 18. Jahrhundert wurde das Kartendeck international genutzt und war je nach Zeitgeist mehr oder weniger beliebt. Seit Ende des 18. Jahrhunderts wird es weniger als Spiel und zunehmend als Instrument zur Selbsterkenntnis und psychologischen Reflexion genutzt. Das von Arthur Edward Waite und Pamela Colman-Smith erschaffene Tarotdeck erschien 1909 und ist bis heute eines der beliebtesten Decks aufgrund seiner reichen Symbolik, die unglaublich vielschichtig ist und mit der man trotzdem auf den ersten Blick etwas anfangen kann.

DER UNTERSCHIED ZWISCHEN TAROT- UND ORAKELKARTEN

Immer wieder sehe ich in den Sozialen Medien Fotos von Karten, die als Tarotkarten bezeichnet werden, und muss die Stirn runzeln. Sehr oft sind das nämlich keine Tarot-, sondern Orakel- oder Affirmationskarten. Ein Fehler, der einem als Laien schnell unterlaufen kann und nicht schlimm ist, aber über den ich hier aufklären möchte, damit du immer erkennst, wenn du Tarotkarten vor dir hast.

Wie bereits beschrieben, sind Tarotkarten immer gleich aufgebaut. Sie folgen derselben Reihenfolge, umfassen dieselben Motive und erzählen die immer selbe Geschichte. Und genau daran kannst du sie auch erkennen.

Die Karten, mit denen jemand arbeitet, bilden weder die Große noch die Kleine Arkana ab, sondern verwenden nur Affirmationen oder andere Symbolik wie Krafttiere? Dann sind es keine Tarot-, sondern Orakelkarten. Damit kann man genauso arbeiten wie mit Tarotkarten, lediglich sie so zu bezeichnen, ist schlichtweg falsch. Ich finde, die Tarotkarten mit ihrer historischen Geschichte haben es verdient, nicht verwechselt zu werden.

ARCHETYPEN UND GENDER IM TAROT

Aus heutiger Sicht erscheinen einige Aspekte des Tarot veraltet, wie die Aufteilung der Archetypen in männlich und weiblich. So ist die höchste Karte einer Reihe immer der König und die Königin ist ihm untergeordnet – wie altmodisch!

Bei der Einordnung dieser Logik hilft es, wenn wir uns bewusst machen, dass zu der Zeit, als Tarot entstand, eine einfache Bildsprache genutzt wurde, um universelle Energien metaphorisch darzustellen. Der Rückgriff auf die vermeintliche Dualität der beiden Geschlechter ist dabei ein einfaches Mittel, um Gegensätze oder Eigenschaften darzustellen, die man angeblich einem Geschlecht zuordnen kann (ähnlich wie bei der Unterscheidung in Yin, »weibliche« Energie, und Yang, »männliche« Energie). Das beste Beispiel sind hier Die Herrscherin und Der Herrscher, die beide das weibliche und das männliche Prinzip verkörpern, sie empfangend, nährend und intuitiv, er expansiv und einnehmend. Inzwischen ist diese Sichtweise veraltet und wir wissen, dass es nicht geschlechtsspezifisch ist, ob man beispielsweise kreativ-chaotisch, weich und empfangend oder strukturiert, hart und gebend ist.

Deshalb arbeite ich mit den Karten gender-neutral, das bedeutet, jeder Archetyp kann jedes Geschlecht verkörpern und umgekehrt. Lass dich bitte nicht davon abhalten, dich zum Beispiel mit dem König der Schwerter zu identifizieren, nur weil du dich als weiblich definierst! Wenn wir es schaffen, über die Bildsprache hinweg die Essenz einer Karte zu begreifen, können wir uns davon lösen, den Tarotkarten bestimmte Geschlechter zuzuordnen. Wir sehen sie dann als das, was sie sind, nämlich die Verkörperung bestimmter Eigenschaften und Verhaltensweisen, die wir uns alle aneignen bzw. mehr leben können, wenn wir die jeweilige Karte ziehen.

TAROTKARTEN ALS DEIN TOOL FÜR MEHR INTUITION, SELBSTFÜRSORGE/ SELFCARE UND EMPOWERMENT

WAS DIE KARTEN NICHT SIND

Rund um die Tarotkarten ranken sich allerlei Mythen. Sie tauchen gerne in Hollywoodfilmen als unheilbringendes Omen auf (oft mit der Karte Der Tod), erinnern uns an unheimliche Wahrsagerinnen auf dem Jahrmarkt oder an einschlägige Fernsehsender, bei denen man pro Anruf viel Geld bezahlt, damit man erfährt, wann »der Ritter auf dem weißen Pferd endlich angeritten kommt«. Andererseits wird eine moderne, vorurteilsfreie Art, mit den Karten zu arbeiten, immer populärer. Es gibt einen wachsenden Markt an wunderschönen, zeitgenössischen Decks wie die »Ätherischen Visionen« von Matt Hughes, die genau wie auch die Klassiker, zum Beispiel das Tarot nach A. E. Waite, einen Aufschwung erleben. Und das völlig zurecht: Immer mehr Menschen erkennen, dass das Arbeiten mit den Tarotkarten überhaupt nicht unheimlich oder mystisch sein muss, sondern einfach guttut!

Dazu möchte ich auch beitragen: Mit diesem Buch will ich dir zeigen, dass du die Tarotkarten anders nutzen kannst, als damit angeblich die Zukunft vorauszusagen. Ich werde dir erklären, warum auch eine Karte wie Der Tod nichts Schlimmes bedeutet, sondern dir Erleichterung und Klarheit bringen kann.

WAS DIE KARTEN STATTDESSEN SIND …

Du kannst die Tarotkarten als Spiegel deiner Innenwelt nutzen. Durch ihre bildhaften Botschaften reflektieren sie dein Inneres und können dir bewusster machen, wie es dir gerade geht und was du brauchst. Wenn es dir nicht gut geht, können sie dir Trost spenden und Mut machen, sie können dich motivieren, dir beiseite stehen und dich einfach durch dein Leben begleiten. Mein Ziel ist es, dass du lernst, dich den Karten neugierig und mit offenem Herzen anzunähern und herauszufinden, wie sie dich dabei unterstützen können, dein Wohlbefinden zu verbessern, dich zu ermutigen und dir Kraft zu geben.

Die Arbeit mit den Tarotkarten soll dich dabei unterstützen, deine innere Stimme besser zu hören und deine Selbstreflexion zu stärken. Sie sollen dir den Weg zu dir selbst zeigen.

TAROTKARTEN UND DEINE INTUITION

Während des Alltags nehmen wir uns oft nicht die Zeit, uns intensiv mit uns selbst zu beschäftigen. Das wird durch die Tarotkarten anders: Sie sind dein Anlass, dich mit dir und deiner Innenwelt zu beschäftigen.

Immer wenn du Karten ziehst, nimmst du dir ganz bewusst Zeit für dich. Du gehst in einen achtsamen Austausch mit dir selbst und dadurch kommst du deinem Inneren näher.

Jede Karte, die du ziehst, löst etwas in dir aus. Dadurch weckt sie deine innere Stimme und zeigt dir, ob das, was sie verbildlicht, mit deinem Inneren räsoniert oder ob du es ablehnst. Diese Reaktion kannst du beobachten, dich dadurch auf eine spielerische Weise kennenlernen und so in den Austausch mit dir gehen. Die Karten halten deinem Innenleben einen Spiegel vor.

Das ist so wertvoll, weil wir als Menschen oftmals den Kontakt zu unserem Inneren verloren haben oder nicht genau wissen, was wir eigentlich denken oder fühlen. Das liegt daran, dass wir alle in einer bestimmten Sozialisierung aufwachsen, die uns prägt. Dabei werden von Beginn unseres Lebens bestimmte Erwartungen und Überzeugungen an uns herangetragen. Eltern und andere Bezugspersonen meinen es (fast) immer gut mit uns, handeln aber von ihrem eigenen, beschränkten Erlebnishorizont aus. Je nachdem, wie stark die Glaubenssätze unserer Bezugspersonen auf uns übertragen und uns anerzogen wurden, desto schwerer fällt es uns, zu unterscheiden, was es ist, was WIR eigentlich denken, fühlen und wollen und was die Stimmen von außen sind, die wir verinnerlicht haben.

Durch die Arbeit mit den Tarotkarten kommst du dieser inneren Stimme näher, weil sie durch ihre bildhafte Sprache etwas in dir berühren, was normalerweise im Verborgenen liegt. Sie provozieren eine Reaktion, die aus deinem Inneren kommt. Je länger du die Karten verwendest, desto besser wird deine Verbindung zu deiner Intuition und desto leichter fällt es dir, zu unterscheiden, was deine eigene innere Stimme sagt oder was konditioniert oder sozialisiert ist. Ist das nicht spannend?

SELBSTVERSTÄNDNIS UND SELBSTMITGEFÜHL

Selbstmitgefühl ist enorm wichtig, wenn du mehr Selbstliebe aufbauen möchtest. Als christlich geprägte Gesellschaft sitzen Schuld und Scham tief in unserer Sozialisierung und damit geht einher, dass wir uns ständig selbst be- und abwerten. Dabei zeigt die psychologische Forschung, dass es für jedes menschliche Verhalten eine Begründung gibt und wir nie einfach »schwach, faul oder schlecht« sind, wie wir es uns selbst gerne einreden. Das soll nicht heißen, dass man damit alles entschuldigen kann und du dich ab jetzt wie ein Ekel verhalten darfst, aber das wäre ja auch das andere Extrem. Wenn du das liest, bist du wahrscheinlich ein sensibler und empathischer Mensch, der eher dazu neigt, sich selbst schlecht zu reden, und wirst nicht in das andere Extrem fallen, nur weil du dir erlaubst, dich mit einem liebevolleren Blick zu betrachten. Du hast es sowas von verdient, dich selbst weniger zu verurteilen! Wir alle haben das.

Die Arbeit mit Tarotkarten kann dich in deinem Selbstmitgefühl unterstützen, denn die Karten zeigen eine unglaubliche Bandbreite an menschlichen Erlebnissen und verschiedene Archetypen, an denen wir uns orientieren können. Was für mich den Dialog mit den Karten so heilsam und bestärkend macht: Sie zeigen, dass das Leben und unsere Zeit hier auf der Erde niemals schwarz-weiß, niemals nur schlecht, aber auch niemals nur schön ist. Anders als viele Orakelkarten, die nur positive Affirmationen tragen, zeigen die Tarotkarten auch Situationen, in denen wir kämpfen, Kummer haben, vielleicht in Streit geraten. Sie zeigen die Versuchung, in alten, ungesunden Mustern stecken zu bleiben, genauso wie Fortschritt und Motivation.

Dadurch machen sie uns bewusst, dass alle Gefühle und alle Situationen ihre Berechtigung haben und zutiefst menschlich sind. Die Tarotkarten können uns als Wegweiser menschlichen Verhaltens dienen und dir zeigen, dass du niemals alleine bist. Sie stärken unser Verständnis und Mitgefühl für uns selbst und unsere Mitmenschen. Die Tarotkarten schrecken nicht davor zurück, dir die tiefsten Tiefen der menschlichen Seele zu spiegeln und dadurch zugleich die Erlaubnis dafür zu geben. Alles darf sein.

DIE TAROTKARTEN KENNENLERNEN

Die Frage, wie man am besten anfangen kann, die Tarotkarten kennenzulernen, scheint viele Menschen vor Herausforderungen zu stellen. Mich erreicht die Frage immer wieder und ich möchte dir versichern: Nichts einfacher als das!

Was du für den Anfang brauchst

Alles, was du dafür brauchst, ist ein Tarotdeck, etwas zum Schreiben, Zeit, Geduld und Neugier. Für meine eigene Reise mit den Karten hatte ich mir damals extra ein besonders schönes, goldenes Notizbuch zugelegt. Vielleicht hast du darauf auch Lust, für mich hat dieses besondere Buch das Kennenlernen der Karten noch schöner gemacht.

Tipps für die Auswahl deines Decks

Es gibt unzählige, wunderschöne und mehr oder weniger klassische Tarotdecks. Am wichtigsten ist, dass dein Deck dir gefällt und sich für dich richtig anfühlt. Ob es das tut, findest du allerdings erst heraus, wenn du es in den Händen hältst, denn erst durch das Arbeiten damit wirst du feststellen, ob es wirklich »dein« Deck ist. Die Präferenzen können sich dabei auch immer wieder ändern, ich benutze manche Decks monatelang nicht und irgendwann entdecke ich sie wieder und die Liebe entflammt erneut. Allerdings würde ich Neuanfängern eine klare Empfehlung aussprechen:

Für Anfänger eignet sich ein Deck, das die »klassische« Symbolsprache enthält, wie z. B. das Tarot von

Tarot von A.E. Waite

Modern Witch Tarot von Lisa Sterle

A.E. Waite. Eine moderne Neugestaltung davon ist zum Beispiel das »Modern Witch Tarot« von Lisa Sterle, das Frauenfiguren oder nicht-binäre Personen in moderner Szenerie zeigt. Auf beide Decks gehe ich bei den einzelnen Kartenbeschreibungen ein.

Die Symbole darauf können als universelle Zeichen gelesen werden, die allen Karten zugrunde liegen. Durch die reiche Bildsprache wirst du angeregt, selbst eine Bedeutung für dich zu finden bzw. lässt sich die Bedeutung dadurch leichter erschließen.

Ätherische Visionen von Matt Hughes

Rabentarot von MJ Cullinane

Eine Frage, die auch häufiger aufkommt, ist: »Darf ich mir das Deck selbst kaufen oder muss es mir geschenkt werden?« Meiner Meinung nach kommt das darauf an, was du glaubst und für dich Sinn ergibt. Ich halte nichts von solchen dogmatischen Regeln und habe mir alle meine Decks selbst gekauft. Mein Rat lautet deshalb: Wenn dich dieser Gedanke vom Kartenlegen abhält, dann pfeif drauf und kauf dir selbst ein Deck!

Mystisches Tarot von Catrin Welz-Stein

Wenn du die Karten und ein Notizbuch hast

Wenn du magst, kannst du folgende Struktur in deinem Notizbuch anlegen:

* Du beginnst der Reihe nach, die Namen der Karten jeweils am oberen Seitenrand zu notieren.
* Lass jeweils zwei oder mehr Seiten für eine Karte frei.
* Vor oder nach der Großen Arkana kannst du noch Platz für allgemeine Notizen lassen.
* Die Reihen der Münzen, Kelche, Schwerter und Stäbe kannst du jeweils mit Page, Ritter, Königin und König abschließen oder jeweils einen extra Bereich für alle Buben, alle Ritter, alle Königinnen und alle Könige bilden.
* Anschließend lässt du Platz für Legungen und weitere Notizen wie die Bedeutung der Nummern.

Du kannst natürlich auch völlig frei in dein Notizbuch schreiben, das ist ganz dir überlassen.

Wenn du dein Notizbuch vorbereitet hast, kannst du damit beginnen, regelmäßig eine oder mehrere Karten zu ziehen, beispielsweise morgens und abends. Dabei kannst du intuitiv Fragen stellen oder einfach eine Karte ziehen, die dir einen Hinweis für den Tag gibt.

Auch für das Mischen und Auslegen der Karten gibt es keine festen Regeln. Ich mache es gerne so, dass ich die Karten mische, in einem Halbkreis vor mir auslege, die Augen schließe und mit der linken Hand (der »Herzhand«) eine Karte ziehe. Dabei kribbelt oft die Luft ein wenig oder es wird wärmer oder kälter und ich werde so zur richtigen Karte geführt (klingt etwas verrückt, aber probier das mal, es stimmt!). Oft mische ich aber auch nur und entscheide während des Mischens, wann meiner Meinung nach die richtige Karte oben liegt, eine rausfällt oder anders hervorsticht und wähle diese aus. Besonders wenn ich meine Tageskarte ziehe oder schnell einen Impuls möchte, mache ich das so. Wenn ich Karten für andere Menschen ziehe oder eine größere Legung mache, lege ich eher den Halbkreis. Du siehst also, du darfst ganz allein entscheiden, was sich für dich richtig anfühlt!

Notizen zu den Karten machen

Hast du eine Karte gezogen, nimm dir die Zeit, sie dir genau anzuschauen und deine Reaktion und dein spontanes Gefühl wahrzunehmen: Wie wirkt die Karte auf dich? Einladend, abschreckend oder neutral? Was fühlst du, wenn du die Karte siehst? Durchströmt dich Entspannung oder reagierst du spontan abwehrend?

Sieh dir die Symbolik der Karte an und überlege, ob du mit deinem bisherigen Wissen und deiner Intuition daran anknüpfen kannst. Erkennst du, was du siehst? Was könnten die Symbole und Personen bedeuten? Wie passen sie zu deiner Frage oder Situation? Notiere dir in deinem Buch, was du als wichtig empfindest.

Nachdem du die Karten intuitiv erfasst hast, kannst du hier im Buch nachschlagen oder auch andere Literatur als Unterstützung dazu nehmen oder online recherchieren. Schreibe dir alles auf, was sich für dich relevant anfühlt. Notiere dir dabei auch, wie die Karte zu deiner Situation oder deinem aktuellen Gefühl passt.

Aber ganz egal, was du über die Karten liest: Lass dir gesagt sein, dass deine Interpretation und deine emotionale Verbindung zu einer Karte das sind, was zählt! Es gibt unglaublich viele Meinungen darüber, was die einzelnen Karten bedeuten, doch das können immer nur Anregungen sein. Das gilt auch für dieses Buch. Tarotkarten kann man nicht schnöde auswendig lernen, man muss sie erfahren und aus diesem Grund sind Zeit und Geduld zwei so wichtige Komponenten beim Kennenlernen. Wenn du eine Karte einmal passend zu einer Frage oder Lebenssituation gezogen hast, wird es dir leichter fallen, dir die Bedeutung zu merken, weil du dann eine gefühlsmäßige Verbindung dazu aufgebaut hast und die Energie der Karte spürst.

Tarotkarten greifbar machen mit Referenzen aus der Popkultur

Ein schöner Weg, sich die Archetypen des Tarots greifbarer zu machen, ist es, sie mit Figuren aus der Popkultur zu verknüpfen. Ein Archetyp ist eine gewisse Urform, ein universelles Bild, das wir häufig bei Menschen der realen Welt verkörpert finden. Wenn du eine solche Urform in einer Person des öffentlichen Lebens, einem Lied oder auch einer Filmsequenz entdeckst, fällt es dir leichter, dir die Essenz einer Karte begreiflicher zu machen!

Ein paar Beispiele

König der Schwerter? Ich denke an kraftvolle Anführer*innen, die mutig ihre Stimme erheben, unbeeindruckt von den Meinungen anderer, wie etwa Greta Thunberg oder Malala. Sie werden von ihrer inneren Wahrheit geleitet und sind ihrer

Mission so verbunden, dass sie voll zu ihrer Meinung stehen und sich nicht unterkriegen lassen.

Königin der Stäbe? Total Beyoncé, die mit ihrem ganz eigenen Wesen überall ein bisschen Magie reinbringt und alles, was sie tut, leicht und strahlend erscheinen lässt, auch wenn sie dafür hart gearbeitet hat. Sie ist für mich die perfekte Verkörperung der Essenz dieser Karte!

Der Magier? Ich denke an Prince und sein Können, überall seine ganz eigene Magie einfließen zu lassen, allem den typischen Touch zu geben, der die Menschen verzaubert und in seinen Bann gezogen hat.

Es gibt ein ikonisches Foto von Marilyn Monroe, auf dem sie von schwarzer Spitze bedeckt und umgeben von Früchten verführerisch daliegt, eingefangen von Nickolas Murray. Für mich ganz klar ein Die Herrscherin-Moment!

Lass dich davon inspirieren und halte die Augen nach Menschen oder Szenen offen, die dir die Karten näherbringen und dir das Gefühl vermitteln, das sie transportieren. Je länger du dich mit den Karten auseinandersetzt, umso umfangreicher wird dein ganz eigener Wissensschatz. Mit der Zeit wirst du entdecken, dass dich manche Karten länger begleiten und manche nie für dich aufgedeckt werden. Je länger du deine Karten so kennenlernst, umso besser kannst du deine ganz eigene Interpretation bilden, weil du immer mehr emotionale Anknüpfungspunkte hast. Und je besser du deine Karten kennst, umso leichter und schneller kannst du mit ihnen arbeiten. Ein bisschen Geduld ist also notwendig, aber dafür erwartet dich auch ein lebenslanger Begleiter, der dich nie im Stich lässt.

TAROT FÜR SELBSTFÜRSORGE/SELFCARE

Ich möchte dich besonders dazu ermutigen, die Karten für deine Selbstliebe und Selbstfürsorge zu verwenden. Denn mit den Karten ist es so: Sie können uns keine Aussagen über andere Personen geben, auch wenn einige Kartenleger*innen anders damit arbeiten. Ich gehe sogar so weit zu sagen, dass es für mich unethisch ist, die Karten nach der Motivation anderer Personen zu befragen, und ich erwarte auch nicht, dass sie die Geheimnisse anderer Menschen preisgeben.

Stattdessen können die Karten für uns ein Spiegel sein und uns zeigen, was wir selbst brauchen und was in unserer Macht liegt. Du kennst sicher die Aussage, dass man sein Gegenüber nicht ändern kann, aber sich selbst. Und genau dazu ermutigen uns die Karten: Selbst die Verantwortung für Situationen und Eigenschaften zu übernehmen und dadurch Veränderung oder Akzeptanz zu schaffen.

Für mich ist Selbstfürsorge die Kunst, für sich und seine Bedürfnisse zu sorgen. In den letzten Jahren ist Selbstfürsorge als #selfcare in den kollektiven Fokus gerückt worden. Das sieht auf den ersten Blick oft aus wie Schaumbäder und Serien-Gucken im Pyjama. Dagegen ist nichts zu sagen, so ein Schaumbad tut als Auszeit auf jeden Fall gut! Aber zur Selbstfürsorge gehört noch viel mehr, was nicht so glamourös ist. Sich um die eigenen Bedürfnisse zu kümmern, kann nämlich auch ganz schön herausfordernd sein.

Selbstfürsorge bedeutet auch …
Sich um seine elementaren Bedürfnisse wie Schlaf, Essen, Bewegung und Gemeinschaft zu kümmern.
Für sich selbst einstehen und sich und anderen Grenzen setzen.
Sich um unangenehme Dinge wie Arzttermine oder die Steuererklärung zu kümmern.
Das tun, was »richtig« ist, anstatt den einfachen Weg zu gehen.

Genau da können die Tarotkarten dir große Unterstützung liefern. Sie bestärken dich darin, dich um dich selbst zu kümmern, deine innere Stimme wahrzunehmen, und geben dir den Mut, das zu tun, von dem du tief im Inneren weißt, dass es das Richtige ist!

Dadurch, dass die Karten verschiedene, zutiefst menschliche Themen abbilden, wirst du dir darüber klar, dass deine Situation auf eine gute Weise nichts Besonderes ist, sondern ganz normales, menschliches Verhalten. Das unterstützt dich dabei, dein eigenes Empfinden in Relation zu setzen, und hilft dir, dein eigenes Drama in den Kontext des großen Ganzen zu stellen und dadurch weniger ernst zu nehmen. Wenn du durch eine schmerzhafte Situation gehst, helfen dir die Karten dabei, dich weniger einsam damit zu fühlen, weil sie dir zeigen, dass du damit nicht alleine bist. Und wenn du etwas ändern möchtest, aber dir der letzte Kick fehlt, um es wirklich anzugehen, geben dir die Karten den Schubs in die richtige Richtung. Manchmal halten sie dir auch gnadenlos den Spiegel vor und zeigen dir etwas, was dir nicht gefällt. Damit stehen sie für eine ganzheitliche Spiritualität, die sowohl Licht und Liebe als auch Schatten und Ablehnung umfasst. Eben alles, was zutiefst menschlich ist!

Durch den Dialog mit den Karten kannst du den eigenen Blick dafür schärfen, was du von ihnen brauchst, indem du lernst, gezielte Fragen zu stellen. Aber sie geben dir noch mehr als das: Manchmal zeigen sie dir Antworten, von denen du vorher nicht wusstest, dass du genau die brauchst. Wie wunderbar ist es, dass die Karten dir so eine ganz neue Perspektive und einen anderen Blickwinkel zeigen können?

DIE FÜNF EBENEN DER SELBSTFÜRSORGE

Selbstfürsorge ist ein großes Wort! Um es besser greifbar zu machen, kann man Selbstfürsorge in unterschiedliche Bereiche aufteilen. Dafür gibt es unterschiedliche Ansätze, für mich macht es am meisten Sinn, Selbstfürsorge auf fünf Ebenen zu betrachten. Hier findest du einen Überblick über die fünf Bereiche, Karten, die exemplarisch für einzelne Aspekte stehen, um sie dir deutlicher und erfahrbarer zu machen, und Anregungen für Kartenlegungen.

KÖRPERLICHE SELBSTFÜRSORGE

Bei der körperlichen Selbstfürsorge geht es darum, dass es dem Körper gut geht. Dabei ist es am wichtigsten, dass zunächst die physiologischen Grundbedürfnisse wie Schlafen, Hunger und Durst gestillt sind, dass der Körper sich ausreichend bewegen darf und gut genährt wird. Erst wenn das alles erfüllt wurde, bist du, im Rahmen deiner eigenen Gesundheit, körperlich voll in deiner Kraft!

Ausreichend schlafen

Das klingt wie ein No-Brainer, aber unser Schlaf ist etwas, das von modernen Verhaltensweisen wie Serien-Gucken und Social Media im Bett checken sehr in Mitleidenschaft gezogen wurde. Dabei ist guter Schlaf unerlässlich für unser geistiges und seelisches Wohlergehen – und ein Privileg, denn manche Menschen müssen zugunsten von kleinen Kindern, ihrer Gesundheit oder ihrer Arbeit darauf verzichten. Wenn du also genug Zeit zum Schlafen hast, dann nimm dein Bedürfnis wahr und gib dir diese Zeit zum Schlafen.

Bewegung

Als Menschen wurden wir dazu geboren, uns zu bewegen: Wir haben lange Beine zum Laufen, eine flexible Wirbelsäule, Schultern mit Kugelgelenken, die die Arme in alle Richtungen bewegen können. Allerdings ist Bewegung etwas, zu dem viele von uns den Zugang verloren haben, weil sie damit Sport und vielleicht Bewertung in der Schule oder auch Selbstoptimierung verbinden. Der inneren Stimme zu lauschen und zu erforschen, was einem Spaß macht, kann dabei helfen, Bewegung wieder als etwas zu entdecken, was einfach Freude ins Leben bringt.

Ernährung

Unter gesunder Ernährung verstehe ich nicht nur, genügend Makro- und Mikronährstoffe zu sich zu nehmen, sondern auch ein möglichst entspanntes Verhältnis zum Essen zu pflegen. Essen ist (Selbst-)Liebe und unseren Körper so einfach nähren zu können, wie wir es in der modernen Welt können, ein echtes Privileg. Deinem Körper kannst du Liebe zeigen, indem du ihm kein Essen vorenthältst, dir alle wichtigen Nährstoffe gibst und versuchst, Essen als etwas zu sehen, was deinem Leben mehr Sinnlichkeit und Genuss verleiht.

Karten für die körperliche Selbstfürsorge

Diese Karten können dich dazu ermutigen, deine körperliche Selbstfürsorge mehr in den Mittelpunkt zu stellen und dir Vorbilder und Beispiele sein. Wenn du sie in deinen Readings findest, vor allem öfter, kann das auch ein Hinweis darauf sein, dass du in diesem Bereich mehr für dich sorgen solltest.

Königin der Münzen
Die Königin der Münzen ist dein Vorbild, wenn es um die körperliche Selbstfürsorge geht! Als Königin des Elements Erde (Münzen) ist sie die Herrscherin über alles, was lebendig ist, und damit auch über ihren bzw. deinen Körper. Als Archetyp ermutigt sie dich, eine liebevolle, nährende Beziehung zu deinem Körper zu leben. Sie bringt alles zum Wachsen, Gedeihen und Blühen und kann dir die Ermutigung sein, dich genauso um dich zu kümmern, wie sie sich um ihren Garten kümmert. Die Königin der Münzen versteht voll und ganz, dass die Basis deines Lebens ist, dass es dir gut geht, soweit das in deinem Rahmen möglich ist – du musst dazu nicht kerngesund sein, sondern es geht darum, deine Möglichkeiten der körperlichen Selbstfürsorge zu priorisieren und auszuschöpfen. Das ist der Nährboden für alles, was weiterwachsen darf.

Vier der Münzen
Die Vier der Münzen sind eine kraftvolle Erinnerung daran, dass du bei dir bleiben und dich an erste Stelle setzen darfst, wenn es dir nicht gut geht und du dich vom Leben und seinen Verpflichtungen ausgelaugt fühlst. Die Vier der Münzen schützen den Körper und zeigen eindrücklich, dass wir unsere Grenzen wahren müssen, um uns wohlzufühlen.

Die Herrscherin
Die Herrscherin ist der Inbegriff einer Person, die kein Problem damit hat, sich etwas Gutes zu tun und genauso mit Leichtigkeit zu empfangen, was jemand anderes ihr Gutes tun möchte. Eine tolle Massage, bekocht werden, die Kinder oder den Hund für ein Wochenende übernehmen? Oh ja! Die Herrscherin zögert nicht, einzuwilligen, und zeigt keine falsche Bescheidenheit. Damit ist sie ein super Vorbild für alle, die denken, dass sie immer alles alleine machen müssen, stark sein müssen und noch lernen, Dinge anzunehmen. Eine Herausforderung für viele – umso besser, dass Tarot uns sagt, dass all das völlig okay ist.

Legung für deine körperliche Selbstfürsorge

Wenn du den Bereich deiner körperlichen Selbstfürsorge erforschen und herausfinden willst, was dir guttut, kannst du den Karten folgende Fragen stellen:

- In welchem Bereich braucht mein Körper gerade Unterstützung?
- Wie kann ich ihm diese Unterstützung geben?
- Wovon sollte ich zurücktreten, um meinen Körper besser zu behandeln?
- Eine Nachricht deines Körpers an dich.

Anregungen für deine körperliche Selbstfürsorge

- Ausschlafen, ohne dir einen Wecker zu stellen,
- Täglich ans Tageslicht gehen und einige Schritte laufen,
- Bewegung finden und machen, die sich für dich gut anfühlt,
- Intuitiv essen und mit allen Sinnen genießen, mal Salat und Vollkorn, mal Kuchen mit Sahne,
- Zeit nehmen für Körperpflege, baden, eincremen.

EMOTIONALE SELBSTFÜRSORGE

Unter emotionaler Selbstfürsorge verstehe ich, wie wir mit unseren Gefühlen umgehen. Trauen wir uns, zu formulieren, was mit uns los ist, und nehmen unsere Emotionen ernst? Das sind wichtige Fragen bei diesem Bereich der Selbstfürsorge.

Gefühle wahrnehmen

Gefühle wahrzunehmen und nicht zu ignorieren, ist ein großer Teil der mentalen Selbstfürsorge. Dabei können dich die Tarotkarten hervorragend unterstützen, da sie dir Blickwinkel aufzeigen, die du dir selbst vielleicht nicht eingestanden hast, und sichtbar machen, was im Verborgenen lag. Durch die Karten bekommst du einen neuen Zugang zu deiner Gefühlswelt und es fällt dir leichter, zu sehen, was eigentlich los ist. Außerdem können die Karten dir Trost spenden, wenn du mit unangenehmen Gefühlen konfrontiert wirst. Indem du Karten für dich ziehst, bekommst du Botschaften aus deinem Inneren, die dir aufzeigen, was dir jetzt guttun kann oder wie du vielleicht einen tieferen Sinn in etwas finden kannst. Allerdings muss nicht alles im Leben einen für uns erkennbaren Sinn ergeben, manchmal passiert uns auch einfach Mist und wir haben jedes Recht, mit dem Schicksal zu hadern. Die Karten können auch in solchen Zeiten ein Trost sein.

Gefühle honorieren

Die eigenen Gefühle ernst zu nehmen, kann etwas sein, das dir schwerfällt, wenn du es anders gelernt hast. Aber ganz egal, wer dir in deinem Leben schon deine Gefühle abgesprochen hat: Alle deine Gefühle sind valide und haben eine Berechtigung. Das heißt nicht, dass es nicht manchmal sein kann, dass du aus einem bestimmten Grund emotionaler auf etwas reagierst als andere. Aber das kann dann ein Hinweis darauf sein, dass ein bestimmter Bereich deine Aufmerksamkeit braucht und dein emotionales Wohlbefinden beeinflusst.

Durch das Arbeiten mit den Karten kannst du solche blinden Flecken leichter entdecken und darauf reagieren.

Gefühle aussprechen

Zu unseren Gefühlen zu stehen und sie auszusprechen, kann eine große Herausforderung sein, schließlich haben wir alle Angst davor, so wie wir sind, nicht zu genügen und abgelehnt zu werden oder unsere Gefühle nicht verstanden zu sehen. Und doch liegt eine so große Magie darin, über seine Gefühle zu sprechen. Als großer Fan von Brené Brown kann ich nur bestätigen, was sie immer sagt: »Verletzlich zu bleiben ist das Risiko, das wir eingehen müssen, um Verbindung zu erfahren.« Dadurch, dass du deine Gefühle mit anderen teilst, erfährst du, dass du nicht alleine damit bist und verstanden wirst. Dadurch findest du ein neues Gefühl von Verbundenheit. Und Verbundenheit zu anderen Menschen ist etwas, was wir alle brauchen, um uns wohlzufühlen!

Selbstmitgefühl entwickeln

Tarotkarten sind für mich die besten Lehrer in Sachen Selbstmitgefühl! Dadurch, dass sie die gesamte Bandbreite des menschlichen Verhaltens zeigen, vermitteln sie eine Botschaft: Du bist genau richtig, so wie du bist, denn alles, was du erlebst, ist durch und durch menschlich. Durch die Karten erfährst du, dass es total normal ist, vermeintlich schlechte Verhaltensweisen nicht einfach lassen zu können (wie Der Teufel zeigt) oder dass sich alle Menschen mal selbst im Weg stehen mit ihrem Mindfuck (Neun der Schwerter). Durch die Tradition der Karten bekommst du den Beweis, dass diese Situationen so alt und normal sind wie wir selbst und dass wir deshalb uns nicht schuldig fühlen müssen. Für mich löst dieser Gedanke sofort Entspannung in mir aus.

Karten für die emotionale Selbstfürsorge

Diese Karten können dich dazu ermutigen, deine emotionale Selbstfürsorge mehr in den Mittelpunkt zu stellen und dir Vorbilder und Beispiele sein. Wenn du sie in deinen Readings findest, vor allem wenn das öfter passiert, kann das auch ein Hinweis darauf sein, dass du in diesem Bereich mehr für dich sorgen solltest.

Ass der Kelche
Das Ass der Kelche ist eine der wichtigsten Karten für die Selbstliebe. Sie steht für ein Gefühl des emotionalen Neuanfangs, ein neugieriges Erkunden und ein frisches Verlieben in dich selbst. Wie der Kelch auf der Karte, der von Wasser übersprudelt, ermutigt sie dich, die Liebe zu dir so zu kultivieren, dass dein Kelch förmlich überläuft. Es gibt das Sprichwort »You can't pour from an empty cup« und das bedeutet, dass du zuerst an dich denken musst, bevor du anderen

etwas geben kannst. Dafür ist diese Karte die schönste Ermutigung! Sie zeigt dir ein unmittelbares Gefühl der gelebten Selbstliebe, das nicht egoistisch oder narzisstisch, sondern durch und durch lebendig und im Einklang mit dem großen Ganzen ist.

Die Liebenden

Oft werden Die Liebenden als Omen für eine romantische Beziehung gesehen, doch ich habe von meiner Lehrerin Lindsay Mack eine andere Bedeutung erfahren: Die Karte kann dir als Spiegel dienen für all das, was du an anderen liebenswert findest. Denn all das, was die anderen dir zeigen, ist auch in dir angelegt! Du bewunderst etwas an deinem Gegenüber und wünschst dir, auch so zu sein? Dann nimm das als Anlass, ganz bewusst zu schauen, wie du das machen kannst.

Wir alle tragen so viele verschiedene Facetten in uns, wie kannst du die stärken oder mehr ausleben, die du an anderen bewunderst? Erlaube dir, mal deine eigenen gedanklichen Grenzen und Urteile über dich zu sprengen und wirklich zu überlegen, welche neuen Seiten du kultivieren könntest. Was findest du an anderen toll, was du selbst mehr leben kannst?

Ritter der Kelche

Der Ritter der Kelche ermutigt dich als Archetyp dazu, sanft mit dir und deinen Gefühlen umzugehen. Wenn du ihn verkörperst, erlaubst du dir, dich von den Wellen deiner Gefühlswelt tragen zu lassen, aber nicht darin unterzugehen. Er geht anmutig und sanftmütig durchs Leben und steht für jemanden, der sich nicht leicht aus der Ruhe bringen lässt, sondern souverän ist, ohne dabei arrogant zu sein. Seine innere Stärke verkörpert er mit Leichtigkeit und Grazie. Dadurch ist er ein wunderbares Vorbild dafür, Abstand vom inneren Drama zu nehmen und Gefühle zwar bewusst wahrzunehmen, aber nicht zu sehr von ihnen bewegt zu werden.

Legung für deine emotionale Selbstfürsorge

Du kannst dir zum Beispiel folgende Fragen stellen:

- Welche Gefühle wollen von mir mehr gesehen und artikuliert werden?
- In welchem Bereich darf ich mehr Selbstmitgefühl entwickeln?
- Womit füge ich meiner Gefühlswelt gerade Schaden zu?
- Wie kann ich meiner Gefühlswelt etwas Gutes tun?
- Eine Botschaft deiner Gefühle an dich.

Der Stern

Der Stern steht für tiefe Heilung auf allen Ebenen. Er ist das Loslassen nach einer Anspannung, der Morgen nach einer dunklen Nacht. Wenn du diese Karte ziehst, darfst du allen Stress gehen lassen und im ganzen Körper eine tiefe Entspannung fühlen. Der Stern ist ein wunderbares Zeichen dafür, dein eigenes Wohlbefinden an allererste Stelle zu setzen und alles zu tun, was du brauchst, um von den Verletzungen des Lebens, die wir alle tragen, zu heilen.

Anregungen für deine emotionale Selbstfürsorge

* Ehrlicher Austausch mit liebenden Menschen, die dir wohlgesonnen sind und bei denen du dich öffnen kannst. Plane dir dafür am besten regelmäßige Termine ein, denn im Alltag geht das oftmals unter!
* Journaling und Tagebuch schreiben. Schreiben ist eine hervorragende Technik, Gefühle zu verarbeiten und besser loslassen zu können.
* Lerne, deine Bedürfnisse zu erkennen und zu formulieren. Grenzen setzen, um Hilfe bitten und dich selbst ernst nehmen, gehören dazu.

SOZIALE SELBSTFÜRSORGE

Unter sozialer Selbstfürsorge versteht man alles, was deine Gemeinschaft betrifft.

Gemeinschaft leben

Wir Menschen sind soziale Wesen und brauchen alle auf die eine oder andere Art die Unterstützung und Gemeinschaft unserer Mitmenschen. Dass das sogar wichtiger für unsere Gesundheit ist als Ernährung, hat beispielsweise die berühmte Harvard-Studie ergeben, die ihre Teilnehmer bis zu 80 Jahre begleitet hat.

Dank unserer Smartphones haben wir inzwischen die Möglichkeit, solche Gemeinschaften auch über räumliche Entfernung hinweg aufrechtzuerhalten. Allerdings ersetzt kein Chat und keine Sprachnachricht die Besonderheit eines unmittelbaren Gesprächs! Deshalb bleiben persönliche Treffen oder auch Telefonate ein wichtiger Teil des Austauschs, den wir für unser Wohlergehen brauchen.

Karten für die soziale Selbstfürsorge

Diese Karten können dich dazu ermutigen, deine soziale Selbstfürsorge mehr in den Mittelpunkt zu stellen und dir Vorbilder und Beispiele sein. Wenn

du sie in deinen Readings findest, vor allem öfter, kann das auch ein Hinweis darauf sein, dass du in diesem Bereich mehr für dich sorgen solltest.

Drei der Kelche
Die Drei der Kelche stehen wie keine andere Karte dafür, in gemeinschaftlichen Austausch zu gehen und zu feiern. Aber feiern heißt dabei nicht unbedingt Party machen und Alkohol trinken, sondern besondere Meilensteine des Lebens wahrzunehmen und mit anderen Menschen zu teilen. Durch die Gemeinschaft erheben wir unsere Erfolge zu etwas, auf das wir noch stolzer sein können, und unsere wichtigen Erlebnisse zu teilen, verstärkt wiederum unser Gefühl von Gemeinschaft. Win-Win also!

Der Eremit
Huch, was hat Der Eremit mit Gemeinschaft zu tun? Ganz einfach: Er kann deine Ermutigung dafür sein, zuerst mit dir alleine klarzukommen und zu lernen, dass du dich absolut auf dich verlassen kannst. Aus dieser inneren Sicherheit heraus kannst du dann ganz anders auf Gemeinschaft zugehen, als wenn du dich bedürftig fühlst und etwas suchst, das deine innere Unzufriedenheit ausgleicht.

Legung für deine soziale Selbstfürsorge

Du kannst dir zum Beispiel folgende Fragen stellen:

* Was brauche ich gerade von meiner Gemeinschaft, Freunden und Familie?
* Und wovon darf ich selbst mehr geben?
* In welchem Bereich darf ich mich mehr öffnen und mir Unterstützung holen?
* Was kann mich dabei unterstützen?

Anregungen für deine soziale Selbstfürsorge

* Plane regelmäßige Treffen mit den Menschen ein, die dir guttun. Wenn Entfernung ein Thema ist, versuche Telefon-Dates auszumachen. Falls du nicht gern telefonierst, lass dich dadurch ermutigen, dass durch das tatsächliche Reden ein viel größeres Gefühl von Verbundenheit entstehen kann, als wenn ihr euch nur schriftlich austauscht.

* Tritt in Kontakt mit den Menschen um dich herum: In der Anonymität einer Großstadt zu wohnen, hat was für sich, weil man sich dadurch frei und unbeobachtet fühlt, aber dadurch fehlt uns auch eine wichtige soziale Komponente. Sei freundlich zu deinen Nachbarn, öffne dich für Small Talk, stelle dich vielleicht vor. Das kann dir ein neues Gefühl von Verbundenheit zu deinem Wohnort geben.
* Finde deinen Kreis an Menschen, die deine Interessen teilen. Nie war das einfacher als in Zeiten des Internets! Du kämpfst gegen den Klimawandel, möchtest dich mit anderen Frauen in Women's Circles austauschen oder tanzt gerne zu Downtempo? Dann gibt's da draußen deinen Kreis. Falls er noch nicht besteht: Willst du vielleicht selbst etwas auf die Beine stellen und Menschen dazu einladen?

MENTALE SELBSTFÜRSORGE

Mentale Selbstfürsorge bedeutet, dass du dich um deinen Geist kümmerst. Damit ist sowohl dein Wissensdrang und deine Kommunikation als auch deine mentale Gesundheit gemeint.

Wissen erweitern und lernen

Menschen sind von Natur aus wissbegierig und unser Gehirn ist darauf ausgelegt, unser Leben lang zu lernen. Je nach Typ bist du unterschiedlich heiß darauf, dein Wissen immer mehr zu erweitern! Es ist wichtig, diese Seite an dir ernst zu nehmen und dir zu erlauben, immer etwas Neues zu entdecken, auch wenn du es nicht »brauchst«, weil du beispielsweise jahrelang denselben Job hast. Die Tarotkarten können dir Hinweise darauf geben, welche neuen Bereiche für dich spannend sein könnten.

Hilfe suchen, wenn notwendig

Mit der mentalen Selbstfürsorge eng verknüpft ist die mentale Gesundheit. Derzeit sehe ich einen Umbruch, was den Diskurs über mentale Gesundheit angeht: Immer mehr Menschen und Initiativen haben es sich zum Ziel gesetzt, psychische Erkrankungen zu entstigmatisieren. Das Thema gehört zum Menschsein dazu, wie Essen, Kleidung oder Sex. Wenn du denkst, dass du Hilfe brauchst, zögere bitte nicht, das bei deinem Arzt anzusprechen und dir einen Therapeuten zu suchen. Daran ist nichts, aber auch gar nichts verkehrt! Durch die Reflexion mit den Tarotkarten kannst du eine ehrliche Sicht auf dich selbst einnehmen und dadurch erkennen, wo du vielleicht Hilfe brauchen könntest oder wo deine Unterstützung bei anderen gefragt ist.

Karten für die mentale Selbstfürsorge

Diese Karten können dich dazu ermutigen, deine mentale Selbstfürsorge mehr in den Mittelpunkt zu stellen und dir Vorbilder und Beispiele sein. Wenn du sie in deinen Readings findest, vor allem, wenn das öfter passiert, kann das auch ein Hinweis darauf sein, dass du in diesem Bereich mehr für dich sorgen solltest.

Die Sonne

Die Sonne steht wie kaum eine Karte für Klarheit. Wenn sie dir den Weg weist, dann kannst du sagen, was dir auf dem Herzen liegt, und deutlich ausdrücken, was dich bewegt. Du hast einen klaren Kopf und zögerst nicht, deine Stimme zu benutzen. Die Karte ist eine Ermutigung an uns, klar zu werden und Licht auf das zu richten, was uns bewegt. Die Sonne unterstützt dich dabei, ganz genau zu sehen, was gerade los ist. Sie ist das Gegenteil von Mauschelei, Lügen und Geheimniskrämerei.

Kraft

Diese Karte greift ein wichtiges Thema der mentalen Gesundheit auf, und zwar Resilienz. Damit bezeichnet man die innere Stärke eines Menschen, seine Fähigkeit, sich von schwierigen Situationen nicht aus der Bahn werfen zu lassen. Während es völlig normal ist, durch einschneidende Erlebnisse wie den Verlust geliebter Menschen zu leiden und erstmal nicht im Alltag funktionieren zu können, so schaffen es resiliente Menschen leichter, sich in diesen Gefühlen nicht völlig zu verlieren bzw. sie besser zu verarbeiten. Die Karte Kraft erinnert dich an deine Resilienz, an deine Souveränität und innere Stärke. Die weiß gekleidete Frau auf dem Bild, die den wilden Löwen mit solcher Anmut hält, ist dein Vorbild dafür, dich vom Drama deines Lebens nicht aus der Ruhe bringen zu lassen. Du schaffst das alles, auch wenn es manchmal sehr herausfordernd ist!

Legung für deine mentale Selbstfürsorge

Du kannst dir zum Beispiel folgende Fragen stellen:

- Was brauche ich gerade für meine mentale Selbstfürsorge?
- In welchem Bereich darf ich mehr lernen?
- Wie kann ich meine mentale Gesundheit unterstützen?
- Was steht mir dabei im Weg?
- Eine Botschaft deines Geistes.

Anregungen für deine mentale Selbstfürsorge

- Erlaube dir, Dinge zu lernen und Neues zu erkunden, ohne dass es einen Zweck erfüllen, irgendwo hinführen muss oder sich damit Geld verdienen lässt.
- Such dir einen Therapeuten, Coach oder eine andere neutrale Person, mit der du deine Gedanken teilen kannst, ohne dass du beurteilt wirst oder dir direkt Ratschläge erteilt werden. Gesehen zu werden und einfach teilen zu dürfen, was einen bewegt, wirkt Wunder!
- Zögere nicht, dir professionelle Hilfe zu suchen, falls du therapeutische Unterstützung brauchst. Daran ist nichts, aber auch gar nichts verkehrt, sondern es zeigt, dass du deine Bedürfnisse ernst nimmst und für dich sorgst. Wir sollten das alle mehr tun!

SPIRITUELLE SELBSTFÜRSORGE

Spirituelle Praxis

Spirituelle Selbstfürsorge kann bedeuten, dass du an eine höhere Macht wie Gott oder das Universum glaubst, die deinem Leben einen tieferen Sinn gibt. Aber auch wenn du nicht im traditionellen Sinn spirituell arbeitest, kannst du eine spirituelle Praxis haben. Das bedeutet, dass du dir regelmäßig Zeit nimmst, dich mit deinem Unterbewusstsein zu verbinden und in den Austausch zu treten. Du öffnest dich dafür, andere Antworten und Hinweise zu bekommen als die, die offensichtlich vor dir liegen. Tarotkarten legen ist deshalb per se eine spirituelle Praxis und wird immer dein Verhältnis zu dir selbst stärken und dir dabei helfen, dich selbst als Teil des großen Ganzen zu sehen.

Schattenarbeit

Zur spirituellen Selbstfürsorge gehört es auch, zu erkennen, dass das Leben alle Seiten beinhaltet, schwarz und weiß und alle Abstufungen dazwischen, Leben genauso wie Tod. Der Mut, sich mit den eigenen Schatten zu beschäftigen, gehört zu dieser ganzheitlichen Weltsicht und ist deshalb Teil der spirituellen Selbstfürsorge. Für mich ein enorm wichtiger Teil, den ich oft in der »Spiri-Szene« vermisse, die gerne Licht und Liebe propagiert, aber damit keine richtige Antwort findet auf tatsächliche Ungerechtigkeiten dieser Welt. Der Fachbegriff dafür ist »Spiritual Bypassing«, »a tendency to use **spiritual** ideas and practices to sidestep or avoid facing unresolved emotional issues, psychological wounds, and unfinished developmental tasks«. Diese Benennung wurde in den 1980ern von John Welwood geprägt, der Buddhistischer Lehrer und Psychotherapeut war. Durch spirituelles Bypassing werden Probleme ignoriert.

Meiner Meinung nach können wir die Welt nur besser machen, wenn wir ehrlich auf das schauen, was in uns und anderen Schatten wirft, und uns daran machen, das aufzulösen. Nur so können wir eine aufrichtige Einheit zwischen uns erschaffen und nicht, indem wir alles Schwierige ignorieren.

Karten für die spirituelle Selbstfürsorge

Diese Karten können dich dazu ermutigen, deine spirituelle Selbstfürsorge mehr in den Mittelpunkt zu stellen und dir Vorbilder und Beispiele sein. Wenn du sie in deinen Readings findest, vor allem öfter, kann das auch ein Hinweis darauf sein, dass du in diesem Bereich mehr für dich sorgen solltest.

Die Hohepriesterin

Klar, der Name Hohepriesterin zeigt schon an, dass dieser Archetyp etwas ganz besonders Spirituelles in sich trägt. Für mich ist Die Hohepriesterin eine wunderschöne Ermutigung dazu, mich komplett auf meine innere Stimme einzulassen und mich von ihr leiten zu lassen. Sie sagt, dass du keine Fehler machen kannst, wenn du aus deinem Inneren heraus lebst und aufrichtig deinen eigenen Weg gehst. Wie kein anderer Archetyp ist sie sich der Verbindung zur Intuition sicher und fordert dich dazu auf, weniger zu grübeln und mehr zu vertrauen. Es gibt keine falschen Entscheidungen, wenn sie im Einklang mit deiner inneren Weisheit und nicht aus der reinen Logik oder der Angst heraus getroffen wurden!

Der Mond

Der Mond steht wie keine andere Karte dafür, sich mit seinen eigenen verborgenen, oftmals dunklen und geheimen Anteilen zu beschäftigen. Er ist es, der die Schatten der Nacht erhellt und damit ans Licht bringt, was bisher versteckt im Unterbewusstsein lag. Damit steht er für den Mut, den es braucht, um sich so ehrlich mit sich und seinen Mitmenschen zu befassen, aber auch für die Belohnung, die am Ende dieses Mutes wartet: Nämlich sich selbst besser erkannt und verstanden zu haben, sich damit auch besser mit allen Anteilen annehmen zu können und freier zu werden.

Der Magier

Der Magier ist dein Vorbild dafür, die Magie und den Zauber auch im Alltäglichen zu finden. Er lässt seine ganz eigene Kraft und sein Wesen in alles fließen, was er tut, und erhebt dadurch auch das Normale und Gewöhnliche zu etwas Besonderem. Für mich ist er damit die Ermutigung, auch in Kleinigkeiten das Besondere zu sehen, sich für den Fluss des Lebens zu öffnen, mehr zu vertrauen und einen Blick zu kultivieren, der alles als magisch erachtet. Denn die Wunder, das Besondere sind nicht in unseren großen Zielen versteckt, sondern liegen in kleinen Momenten. Das Vogelgezwitscher eines Frühlingsmorgens, die warme Haut eines geliebten Menschen an deiner, der Duft frischen Kaffees – das sind die kleinen Momente, die unser Leben magisch machen und in denen sich die Essenz dieser Karte zeigt.

Legung für deine spirituelle Selbstfürsorge

Du kannst dir zum Beispiel folgende Fragen stellen:

- Wie ist mein Verhältnis zu meiner Spiritualität?
- In welchem Bereich darf ich mich mehr öffnen?
- Und wie kann ich das konkret tun?
- Welche Schatten wollen jetzt ehrlich von mir betrachtet werden?
- Deine Unterstützung für die Schattenarbeit,
- Und last but not least: Eine Botschaft des Universums/des Göttlichen.

Anregungen für deine spirituelle Selbstfürsorge

- Nimm dir regelmäßig Zeit für Innenschau, Meditation, Journaling und natürlich deine Tarotpraxis.
- Integriere Rituale in dein Leben, in denen du dich mit den Zyklen des großen Ganzen verbindest wie Mondrituale, siehe Kapitel Die Kraft der Rituale.
- Schau ehrlich deine eigenen Schatten an, beschäftige dich mit unangenehmen Themen wie zum Beispiel deinen eigenen Vorurteilen und anderen Aspekten, die wir in dieser Gesellschaft unweigerlich mitbekommen.
- Schau dir an, was du lieber verstecken würdest, und benenne es, um es dann ändern zu können.

KREATIV MIT DEN KARTEN ARBEITEN

Seitdem es das Internet gibt, ist es einfach, für so ziemlich jede Fragestellung eine passende Tarotkartenlegung zu finden. Die allseits bekannten »klassischen« Legemuster, wie zum Beispiel der Kompass oder das Keltische Kreuz, möchte ich hier nicht vorstellen. Sie sind schon in sehr vielen Büchern beschrieben.

Ich möchte dich aber dazu ermutigen, dir selbst zu überlegen, welche Fragen du spannend findest, und deine eigenen Legungen zu erstellen. Nutze deine ganz persönliche Kreativität, um genau die Fragen zu finden, die dich weiterbringen! Du weißt schließlich am allerbesten, was du gerade brauchst. Deshalb ist es gelebte Selbstliebe, wenn du dir deine eigenen Rituale erstellst.

In diesem Kapitel findest du Vorschläge und Anregungen für deine eigenen Rituale. Daraus darfst du dir das raussuchen, was sich für dich gut anfühlt.

DIE KRAFT DER RITUALE

Von klein auf erleben wir Feste wie Weihnachten, zu denen die ganze Familie zusammenkommt, lernen, uns vor dem Zubettgehen die Zähne zu putzen, und vollziehen feierliche Initiationsriten wie den ersten Schultag mit farbenfrohen Schultüten: Rituale begleiten uns durch unser ganzes Leben. Sie geben uns Sicherheit im Alltag und erlauben uns, in Gemeinschaft zusammenzukommen.

In Verbindung mit Tarotkarten kannst du Rituale nutzen, um dir bewusst Zeit zur Reflexion zu nehmen und dadurch mehr Achtsamkeit in deinen Alltag zu bringen. Das unterstützt dich dabei, dein Jahr bewusst zu erleben, und gibt dir ein Gefühl von Selbstwirksamkeit, weil du dich immer wieder mit deiner inneren Stimme verbindest und dir Zeit für deine Bedürfnisse nimmst. Dadurch lebst du nicht einfach vor dich hin und reagierst nur auf die äußeren Umstände, sondern wirst selbst aktiv und richtest dich aus. Und das fühlt sich richtig gut an!

Mondphasen

Der Mondzyklus durchläuft immer denselben, etwa 29 Tage dauernden Rhythmus. Zu Neumond ist der Mond unsichtbar, da er komplett durch den Erdschatten verdeckt wird. Im weiteren Verlauf nimmt die sichtbare Fläche immer weiter zu, bis er schließlich als Vollmond am Himmel zu sehen ist. Anschließend vollzieht sich das ganze Schauspiel in die andere Richtung.

Den Mondzyklus für Rituale zu nutzen, wurde in den letzten Jahren immer populärer. Kein Wunder, ist der Mond doch eine offensichtliche Erinnerung an die natürlichen Zyklen und Rhythmen der Natur, von denen wir in der modernen Welt durch Elektronik und Non-Stop-Verfügbarkeit immer weniger mitbekommen. Die stetige Veränderung des Mondes hat etwas Magisches, und auch wenn wir inzwischen erklären können, weshalb sich die Sichel täglich verändert und der Mond Einfluss auf die Gezeiten hat, liegt immer noch etwas Mystisches darin.

Mondzyklus-Rituale sind deshalb etwas Wunderschönes und du kannst sie folgendermaßen praktizieren:

Neumond

Der Beginn des Mondzyklus lädt dazu ein, darüber zu reflektieren, was du in den letzten vier Wochen erlebt oder erreicht hast. Anschließend kannst du dich mit der Energie des Neuanfangs verbinden und auf die kommenden vier Wochen ausrichten. **Beispiel:** Du stellst die Frage danach, was du mit dem vergangenen Mondzyklus abschließen kannst und ziehst die Karte Gerechtigkeit. Das gibt dir den Hinweis, dass du gelernt hast, weniger streng mit dir oder deinem Umfeld ins Gericht zu gehen. Als Zusatzfrage fragst du nach Unterstützung dafür und ziehst die Karte Drei der Stäbe. Sie sagt dir,

Legung für den Neumond

- ✶ Was kann ich mit dem vergangenen Zyklus abschließen?
- ✶ Was ist mein Thema für diesen Mondzyklus?
- ✶ Worauf soll ich in den nächsten vier Wochen meinen Fokus richten?

Zusatzfragen

- ✶ Was kann mich dabei unterstützen?
- ✶ Welche Aktivität gibt mir dafür Kraft?

dass es jetzt an der Zeit ist, nach vorne zu schauen und selbstbewusst deinen neuen Weg zu gehen.

Wachsender Mond
Wenn die Mondsichel zunimmt, können wir uns darauf konzentrieren, mehr Energie zu gewinnen und Fahrt mit unseren Vorhaben und Projekten aufzunehmen. Mit dem wachsenden Mond können wir deshalb alles einladen, das uns dabei unterstützt, auf ein bestimmtes Ziel hinzuarbeiten.

Legung für den wachsenden Mond

- ✶ Welches Projekt oder Ziel kann ich mit dieser Energie unterstützen?
- ✶ Wie kann ich die Energie des wachsenden Mondes optimal für mich nutzen?

Vollmond
Mit dem Vollmond ist der Höhepunkt des Mondzyklus erreicht und damit der Zeitpunkt, das zu honorieren, was in den letzten Wochen gereift ist. Ab diesem Zeitpunkt wird die Sichel wieder kleiner, zieht sich sozusagen zurück. Damit ist jetzt auch der perfekte Zeitpunkt gekommen, um dich darauf zu konzentrieren, etwas loszulassen, seien es Gewohnheiten, die du endlich verabschieden willst, oder auch bestimmte Menschen, Beziehungen oder Jobs.

Legung für den Vollmond

- ✶ Was kommt mit diesem Vollmond zur vollen Blüte?
- ✶ Was habe ich erreicht und welchen Höhepunkt darf ich feiern?
- ✶ Was kann ich mit diesem Vollmond loslassen?

Zusatzfragen

- ✶ Was kann mich dabei unterstützen?
- ✶ Welche Aktivität gibt mir dafür Kraft?

Abnehmender Mond
Mit dem abnehmenden Mond wird die Energie des Zyklus weniger, alles zieht sich zurück und lässt nach. Jetzt können wir ungeliebte Verhaltensweisen loslassen und überlegen, womit wir abschließen wollen, bevor der nächste Zyklus beginnt.

Mit dem Mondzyklen zu arbeiten, gibt uns die wunderbare Gelegenheit, uns regelmäßig auszurichten und über die jeweilige Phase zu reflektieren.

Legung für den abnehmenden Mond

- Was darf mit dem abnehmenden Mond endgültig gehen?
- Was soll noch in diesem Zyklus betrachtet werden?
- Wovon darf ich mich mit diesem Zyklus verabschieden?

Mit den Sternzeichen arbeiten

Für bestimmte Anlässe im Jahr bietet es sich an, mit den Eigenschaften der Sternzeichen zu arbeiten. Dadurch entsteht eine weitere Ebene, wie du das voranschreitende Jahr wahrnehmen und für dich nutzen kannst! Zum Beispiel, wenn die Sonne in ein neues Sternzeichen wechselt (um den 21. jeden Monats herum) oder wenn du die Karten für den Neumond oder Vollmond legst, der sich jeweils in einem bestimmten Sonnenzeichen befindet. Das bedeutet, wenn zum Beispiel der Neumond auf Neujahr (01.01.) fällt, dann ist dieser Neumond im Sternzeichen Steinbock, dessen Zeit vom 22.12. bis zum 20.1. geht. Beim Vollmond verhält es sich anders, er liegt immer im gegenüberliegenden Sternzeichen. Bei Unsicherheit recherchiere am besten nochmal online.

Um passende Fragen für deine Legung zu den Sternzeichen zu finden, kannst du dich von den folgenden Beispielen inspirieren lassen.

Hinweis: Der Neumond eines Mondzyklus ist immer im jeweiligen Zeichen, in dem sich die Sonne zu dieser Zeit befindet.

Sternzeichen Widder

Beispiele für positiv konnotierte, zugeschriebene Eigenschaften: begeisterungsfähig, dynamisch, aufgeschlossen.

Beispiele für negativ konnotierte, zugeschriebene Eigenschaften: ungeduldig, impulsiv, rücksichtslos.

Beispiele für abgeleitete Fragen:

- Worauf kann ich meine Leidenschaft richten?
- Welcher Bereich meines Lebens erfordert mehr Aufgeschlossenheit von mir?
- In welchen Bereich meines Lebens kann ich mehr Bewegung bringen?
- In welchem Bereich sollte ich mehr Geduld etablieren?
- Wo darf ich mehr auf andere Rücksicht nehmen?
- In welchem Bereich sollte ich erst nachdenken und dann handeln?

Sternzeichen Stier

Beispiele für positiv konnotierte, zugeschriebene Eigenschaften: schönen Dingen zugetan, entspannt, beständig.

Beispiele für negativ konnotierte, zugeschriebene Eigenschaften: stur, engstirnig, misstrauisch.

Beispiele für abgeleitete Fragen:

- In welchem Bereich meines Lebens möchte ich mich mehr mit Schönheit umgeben?
- Wo würde es mir guttun, etwas entspannter zu sehen?
- Was erfordert gerade mehr Durchhaltevermögen von mir?
- Wo tut mir etwas mehr Weichheit und Flexibilität gut?
- In welchem Bereich darf ich meinen Horizont erweitern?
- Wo darf ich mehr ins Vertrauen gehen?

Sternzeichen Zwilling

Beispiele für positiv konnotierte, zugeschriebene Eigenschaften: neugierig, kommunikativ, aufgeschlossen.

Beispiele für negativ konnotierte, zugeschriebene Eigenschaften: sprunghaft, distanziert, zerstreut.

Beispiele für abgeleitete Fragen:

- Was kann mich gerade inspirieren und mir neue Impulse geben?
- In welchem Bereich meines Lebens sollte ich mehr in den Austausch gehen?
- Wo kann ich mich neuen Perspektiven oder Personen öffnen?
- In welchem Bereich darf ich mehr Durchhaltevermögen an den Tag legen?
- Bei welchem Thema darf ich mich mehr öffnen?

Sternzeichen Krebs

Beispiele für positiv konnotierte, zugeschriebene Eigenschaften: emotional, fürsorglich, zielstrebig.

Beispiele für negativ konnotierte, zugeschriebene Eigenschaften: ängstlich, überbeschützend, launenhaft.

Beispiele für abgeleitete Fragen:

* Was in meiner Umgebung erfordert gerade meine Aufmerksamkeit, sodass ich mich rundum wohlfühlen kann?
* Welche Gefühle soll ich jetzt wahrnehmen und verarbeiten?
* Worauf soll ich in der nächsten Zeit hinarbeiten?
* In welchem Bereich darf ich meine Ängste ablegen?
* Wo darf ich Kontrolle abgeben?
* Was erfordert gerade mehr Ausgeglichenheit von mir?

Sternzeichen Löwe

Beispiele für positiv konnotierte, zugeschriebene Eigenschaften: liebevoll, stolz, weltgewandt.

Beispiele für negativ konnotierte, zugeschriebene Eigenschaften: überheblich, dominant, verschwenderisch.

Beispiele für abgeleitete Fragen:

* In welchen Bereich meines Lebens kann ich mehr Liebe einbringen?
* Wo kann ich mir selbst mehr Größe und Stolz zugestehen?
* Auf welcher Bühne des Lebens darf ich mich mehr sehen lassen?
* In welchem Bereich darf ich demütiger werden?
* Wo darf ich mich für andere Meinungen öffnen?
* Welche Karte kann mir einen Tipp für meine Finanzen geben?

Sternzeichen Jungfrau

Beispiele für positiv konnotierte, zugeschriebene Eigenschaften: organisiert, umsorgend, unabhängig.

Beispiele für negativ konnotierte, zugeschriebene Eigenschaften: pedantisch, engstirnig, zu anspruchsvoll.

Beispiele für abgeleitete Fragen:

* In welchem Bereich meines Lebens profitiere ich von mehr Ordnung und Struktur?
* Um was soll ich mich in nächster Zeit verstärkt kümmern?
* In welchem Bereich meines Lebens darf ich lernen, unabhängiger zu sein?
* Wo darf ich meinen Horizont öffnen und dazulernen?
* Wo darf ich mehr Einfühlungsvermögen entwickeln?
* In welchem Bereich darf ich meine Ansprüche runterschrauben?

Sternzeichen Waage

Beispiele für positiv konnotierte, zugeschriebene Eigenschaften: wortgewandt, gerecht, schönheitsbewusst.

Beispiele für negativ konnotierte, zugeschriebene Eigenschaften: eitel, unentschlossen, überangepasst.

Beispiele für abgeleitete Fragen:

* Wie ist mein Verhältnis zu Schönheit?
* In welchem Bereich meines Lebens möchte ich mehr Schönheit einladen?
* Wozu kann ich meinen Gerechtigkeitssinn nutzen, wo braucht es mehr davon?
* Wo darf ich mehr in die Konfrontation gehen und mich weniger anpassen?
* Was ergibt sich daraus für mich?
* Wo darf ich entschlossener handeln und Entscheidungen treffen?

Sternzeichen Skorpion

Beispiele für positiv konnotierte, zugeschriebene Eigenschaften: leidenschaftlich, scharfsinnig, loyal.

Beispiele für negativ konnotierte, zugeschriebene Eigenschaften: Kompromisslos, rechthaberisch, misstrauisch.

Beispiele für abgeleitete Fragen:

* In welchen Lebensbereich kann ich mehr Leidenschaft einladen?
* Wo darf ich jetzt genauer hinschauen?
* Was erfordert gerade meine uneingeschränkte Loyalität?
* In welchem Bereich lohnt es sich, mehr Kompromisse einzugehen?
* Wo darf ich mehr ins Vertrauen gehen?

Sternzeichen Schütze

Beispiele für positiv konnotierte, zugeschriebene Eigenschaften: abenteuerlich, energetisch, wissbegierig.

Beispiele für negativ konnotierte, zugeschriebene Eigenschaften: großspurig, reizbar, belehrend.

Beispiele für abgeleitete Fragen:

* In welchem Lebensbereich darf ich mutiger und abenteuerlicher werden?
* Wohin darf meine Energie fließen?
* Was kann gerade meine Neugier und Wissbegier entfachen?
* Wo darf ich mich für andere Sichtweisen öffnen und weicher werden?

Sternzeichen Steinbock

Beispiele für positiv konnotierte, zugeschriebene Eigenschaften: stringent, anspruchsvoll, verantwortungsbewusst.

Beispiele für negativ konnotierte, zugeschriebene Eigenschaften: engstirnig, pessimistisch, unnahbar.

Beispiele für abgeleitete Fragen:

* Wo darf ich jetzt üben, beständiger und stringenter zu sein?
* In welchem Lebensbereich oder von wem kann ich mehr verlangen?
* Wo kann ich jetzt mehr Verantwortung übernehmen?
* In welchem Lebensbereich lohnt es sich, optimistischer zu werden?
* Wo darf ich andere Menschen und Meinungen mehr an mich heranlassen?

Sternzeichen Wassermann

Beispiele für positiv konnotierte, zugeschriebene Eigenschaften: exzentrisch, rebellisch, tolerant.

Beispiele für negativ konnotierte, zugeschriebene Eigenschaften: distanziert, eigenbrötlerisch, snobistisch.

Beispiele für abgeleitete Fragen:

* Wo darf ich jetzt meine verrückte, exzentrische Ader mehr ausleben?
* Wo darf ich mich neu ausprobieren?
* Wo ist meine rebellische Ader gefordert?
* In welchem Bereich darf ich mich mehr in Toleranz üben?

Sternzeichen Fische

Beispiele für positiv konnotierte, zugeschriebene Eigenschaften: verträumt, offenherzig, intuitiv.

Beispiele für negativ konnotierte, zugeschriebene Eigenschaften: beeinflussbar, sentimental, unzuverlässig.

Beispiele für abgeleitete Fragen:

* In welchem Bereich darf ich sanfter und offener werden?
* Was möchte meine innere Stimme mir gerade sagen?
* Wo darf ich vom Besten ausgehen und muss nicht verbissen sein?
* In welchem Lebensbereich sollte ich mehr zu meiner eigenen Meinung stehen? Was kann mich dafür stärken?

Zusatzfragen

Diese Zusatzfragen kannst du stellen, um die Aussagen der Legung deutlicher zu machen:

* Was kann mich dabei unterstützen?
* Was fehlt mir dazu noch?

So kannst du deine ganz eigenen Legungen für Ereignisse in den Sternzeichen erstellen. Dabei darfst du herum-experimentieren und die Fragen wählen, die sich für dich stimmig anhören!

Beispiele

Anlass: Vollmond im Sternzeichen Fische

Du weißt jetzt, dass der Vollmond der Höhepunkt des Mondzyklus ist und Fische für die Eigenschaften »verträumt, offenherzig, intuitiv« stehen. Du betrachtest den Mondzyklus vom Vollmond bis zum Ende, also ziehst du Karten für die nächsten zwei Wochen. Eine Legung kombiniert nun beide Aspekte und kann fragen:

- ✶ In welchem Bereich darf ich in den nächsten zwei Wochen offener werden?
- ✶ Wo sagt mir meine Intuition gerade, was ich brauche?
- ✶ Was darf ich in den nächsten zwei Wochen gehen lassen?

Anlass: Die Sonne wechselt ins Sternzeichen Jungfrau (24. August)

Die nächsten vier Wochen wird die Sonne im Zeichen Jungfrau bleiben, also ist das der Zeitraum, den du betrachtest. Du orientierst dich an den Fragen und Zusatzfragen oben und erstellst folgende Legung:

- ✶ In welchem Bereich meines Lebens profitiere ich in den kommenden vier Wochen von mehr Ordnung und Struktur?
- ✶ Und was kann mich dabei unterstützen?
- ✶ Um was soll ich mich in nächster Zeit verstärkt kümmern?
- ✶ In welchem Bereich meines Lebens darf ich lernen, unabhängiger zu sein?

Alle Vorschläge hier sind genau das: Vorschläge. Am Ende darfst du selbst entscheiden, was sich für dich stimmig anfühlt!

Menstruationszyklus

Wenn du einen Menstruationszyklus hast, ist das ein wunderschöner Anlass, um ebenfalls mit den Karten deinen Fokus auszurichten. Dabei kannst du entweder eine Karte für den gesamten Zyklus ziehen oder für eine größere Legung ähnliche Fragen stellen wie zum Beginn eines neuen Mondzyklus:

- Was habe ich mit dem vergangenen Zyklus abgeschlossen?
- Worauf soll ich in diesem Zyklus meinen Fokus legen?
- Was ist mein aktuelles Thema?

Besondere Daten

Besondere Daten wie Silvester oder dein Geburtstag laden dazu ein, mit einer größeren Legung zu erforschen, was im letzten Jahr passiert ist, was du erreicht hast, was du loslassen darfst und ebenso, was du neu einladen darfst und was dein Fokus ist. Ich liebe es, solche rituellen Daten durch eine Legung zu feiern und zu unterstützen! So lege ich die Karten zu Silvester und meinem Geburtstag:

Legung fürs neue (Lebens-)Jahr

- **Was du im letzten Jahr gelernt hast**

Der Beginn eines neuen Jahres oder dein Geburtstag sind ein hervorragender Anlass, zu reflektieren, was du gelernt hast. Wenn du beispielsweise Die Hohepriesterin ziehst, hast du gelernt, mehr deiner inneren Stimme zu folgen. Wenn du die Acht der Stäbe ziehst, hast du gelernt, dich mehr auf den Flow einzulassen und weniger zu grübeln.

- **Was geheilt wurde und losgelassen werden kann**
  Welche Themen hast du für dich bearbeitet und kannst damit abschließen? Das sagt dir diese Karte.
- **Was das Thema des neuen Jahres ist**
  Ein Hinweis auf die Energien des Jahres und was dein ganz persönliches Wachstumsthema ist.
- **Was dich bei diesem Thema unterstützen kann**
  Welche Energie oder Aktivität unterstützt dich dabei, mit deinem Thema weiter zu wachsen?
- **Deine Mission für das neue Jahr**
  Deine Mission für die nächsten 12 Monate. Was sollst du konkret tun?
- **Wie du diese Mission umsetzen kannst**
  Was hilft dir bei der Umsetzung deiner Mission?
- **Eine Botschaft des Universums**
  Eine meiner Lieblingskarten: Ein Ratschlag des Universums, um dich zu unterstützen.

Außer Silvester und Geburtstag gibt es noch weitere, besondere Daten während des Jahres, die du für Rituale und größere Legungen nutzen kannst: Beispielsweise die **Sommer- und Wintersonnenwende** (um den 21. Juni bzw. 21. Dezember herum), an denen der Tag jeweils am längsten bzw. am kürzesten ist und die damit das Jahr zeitlich in zwei Hälften unterteilen.

Bei »modernen Hexen« ist es auch total angesagt, die vier großen irisch-keltischen Feste **Samhain** (1. November), **Imbolc** (1. Februar), **Beltane** (1. Mai) und **Lughnasadh** (1. August) zu feiern und dazu ebenfalls Karten zu legen. In diesem Gebiet bin ich keine Expertin, aber ich möchte dich sehr gern dazu einladen, selbst nachzuforschen und dir Legungen zu überlegen, wenn du das spannend findest!

Auch die **Rauhnächte** werden als Zeit für Rituale immer beliebter. In den 12 Nächten zwischen dem 24. Dezember und dem 06. Januar kannst du als Ausblick auf das neue Jahr täglich eine Karte ziehen. Am 25. Dezember ziehst du eine Karte für den Januar, am 26. Dezember eine Karte für den Februar und so weiter. Diese Karten geben dir Hinweise auf die Themen, die im nächsten Jahr dein Leben prägen, und du kannst sie nutzen, um dir einen Fokus zu setzen. Zu Monatsbeginn kannst du dir in Erinnerung rufen, was deine Karten während der Rauhnächte vorhergesehen haben, und am Monatsende darüber reflektieren, inwieweit das mit deiner tatsächlichen Erfahrung übereinstimmt.

Welches sind DEINE Rituale?

Aus all diesen Vorschlägen darfst du dir nämlich genau das herauspicken, was sich für dich richtig anfühlt. Welcher Vorschlag bringt etwas in dir zum Klingen und inspiriert dich? Das ist ein super Hinweis darauf, dass du genau das mal ausprobieren solltest! Dasselbe gilt übrigens auch dafür, wenn eines der hier beschriebenen Rituale bei dir erstmal Widerstand hervorruft.

Vielleicht hast du hier zum ersten Mal von Mond- oder Menstruationszyklus-Ritualen gelesen und deine initiale Antwort ist »Nein danke!« Dann möchte ich dich gerne dazu einladen, neugierig zu entdecken, inwiefern deine Ablehnung daher kommen könnte, dass du in einer Gesellschaft sozialisiert wurdest, die vieles von dem, was mystisch oder auch weiblich konnotiert ist, abwertet und ins Lächerliche zieht. Niemand von uns ist frei von dieser Prägung und es ist absolut verständlich, wenn du so denkst. Zugleich ist das ein schöner Hinweis darauf, dich selbst zu reflektieren und zu hinterfragen, was tatsächlich deine eigene Meinung ist und was vielleicht aus deiner Familie oder deinem Umfeld kommen könnte.

Der Samen

Eine Ananas braucht vom Samen bis zur reifen Frucht ein bis zwei Jahre. Damit ist sie ein wunderschönes Beispiel für Geduld und Vertrauen in das, was wir tun. Mit diesem Mini-Spread kannst du herausfinden, in welchem Bereich du dieses Vertrauen etablieren kannst.

- Welchen Ananassamen kannst du jetzt pflanzen?
- Was hilft dir dabei, geduldig zu bleiben?
- Was wird für dich wachsen?

Mirror and Medicine

Ein Minispread von Danielle Park, @oakmoontarot: Du ziehst zwei Karten und legst sie nebeneinander – Mirror and Medicine.

Der Spiegel beschreibt, was grade bei dir los ist und wie es dir geht. Die zweite Karte ist die Medizin, die du gerade brauchst.

HERAUSFORDERUNGEN BEIM KARTENLEGEN

WIE DU MIT SCHWIERIGEN KARTEN UMGEHEN KANNST

Lass uns nicht um den heißen Brei herumreden: Es gibt Tarotkarten, die einfach beängstigend aussehen. Drei der Schwerter, die ein Herz durchbohren – Keiner kann es dir verübeln, wenn dein spontaner Ausruf »Autsch« lautet. Einige der Schwertkarten gehören noch in die Kategorie der beängstigenden Karten, genauso wie die Fünf der Münzen, Der Teufel und natürlich der Klassiker: Der Tod.

Es gehört zum Tarotkarten legen dazu, dass man sich auch mit herausfordernden Themen beschäftigt. Die Karten zeigen dir manchmal ungeschönt, was los ist. Das kann sich im ersten Moment unangenehm anfühlen, aber erst wenn du ehrlich hinschaust, kannst du auch Veränderung schaffen. In den Kartenbeschreibungen wirst du sehen, dass jede Karte eine Botschaft enthält, die du für dich nutzen kannst. Keine Karte ist per se gut oder böse, sondern alle haben positive und negative Aspekte. Wenn dich eine Karte besonders berührt, lohnt es sich, dort hinzusehen: Weshalb ist das Thema so eine Herausforderung für dich? Vielleicht bekommst du so noch zusätzliche Hinweise darauf, inwiefern es für dich wichtig wäre, dich damit auseinanderzusetzen. Erlaube dir, über das initiale Gefühl hinweg in Verbindung mit der Botschaft der Karte zu gehen.

UMGEKEHRTE KARTEN

Mit »umgekehrt« ist gemeint, dass die Karte nach dem Aufdecken auf dem Kopf steht, also verkehrtherum liegt. Viele klassische Deutungen verstehen dann die Bedeutung der Karte genau im gegenteiligen Sinn. Allerdings sehen das nicht alle so, da schließlich jede Karte sowohl positive als auch negative Aspekte hat.

Für den Anfang empfehle ich dir, gar nicht auf die Lage der Karten in der Deutung einzugehen. Erst solltest du die generelle Bedeutung der Karten kennen. Wenn du dann die Essenz der Karten verstanden und erfasst hast, kannst du anfangen, mit umgekehrten Karten zu arbeiten. Ich empfehle das so, weil es aus meiner Sicht keine »Regel« dafür gibt, wie auf dem Kopf stehende Karten zu deuten sind. Wenn die Karten umgekehrt aufgedeckt wurden, kann das aus meiner Erfahrung unterschiedliche Bedeutungen haben.

DIE ENERGIE DER KARTE IST BLOCKIERT

Wenn die Energie blockiert ist, kann das bedeuten, dass du dich unterbewusst dagegen sträubst, die Karte zu leben. Du hast vielleicht einen inneren Widerstand in dir oder müsstest gegen deine bisherigen Überzeugungen handeln. Vielleicht weigerst du dich auch, ehrlich hinzusehen und die Botschaft der Karte tatsächlich auf dich anzuwenden. Die umgekehrte Karte ist ein Hinweis auf das, was du ehrlicher betrachten und annehmen darfst.

DIE BEDEUTUNG DER KARTE IST ABGESCHWÄCHT

Alternativ kann es sein, dass die Karte weniger eindeutig spürbar ist oder sich bereits verabschiedet. Du hast diese Entwicklung vielleicht schon abgeschlossen und bist nun dabei, diese Karte hinter dir zu lassen.

Wenn du eine Weile mit den Karten arbeitest, wirst du feststellen, dass du immer besser intuitiv begreifst, welche Bedeutung es haben könnte, wenn eine Karte umgekehrt aufgedeckt wird. Ich will dich ermutigen, mit den Deutungen zu spielen und in verschiedene Richtungen hinein zu fühlen. Geh in den inneren Dialog mit der Karte und frage, was sie dir damit sagen möchte. Vielleicht findest du auch heraus, dass die umgekehrten Karten für dich etwas völlig anderes aussagen als das, was ich hier beschrieben habe. Das ist super, denn deine innere Stimme und deine ganz eigene Interpretation sind es, die die Karten für dich begreifbar und damit im Alltag nutzbar machen!

DIE GRENZEN DER SELBSTFÜRSORGE UND SELBSTLIEBE

Wie ich dargestellt habe, ist Selbstfürsorge total wichtig für unser Wohlergehen. Durch Selbstfürsorge zeigen wir uns, wie wichtig wir uns selbst nehmen und dass wir für uns da sind, auf allen Ebenen. Manchmal reicht es aber nicht, die Verantwortung nur in unsere eigenen Hände zu legen. Es gibt Situationen, in denen wir herauszoomen und das Geschehen in einem größeren Zusammenhang betrachten müssen. Es gibt Lebensumstände, in denen du noch so viel an dir arbeiten und dich für dich entscheiden kannst, aber trotzdem wird es dir nicht wirklich besser gehen. Wir leben in einer Leistungsgesellschaft, geprägt von patriarchalen Strukturen, und deshalb ist es wichtig, dass wir den Blick auch vom Individuum lösen können und Systemkritik üben, wenn nötig. Wir sind als Menschen alle gleich viel Wert und haben Liebe und Fürsorge verdient, aber wir haben nicht alle dieselben Voraussetzungen. Menschen, deren Leben beispielsweise von Armut und sozialem Druck geprägt ist, ist nicht damit geholfen, sich nur auf ihre Selbstliebe zu konzentrieren. Je privilegierter wir selbst sind, desto mehr müssen wir mit unseren Ansprüchen an andere aufpassen. Unsere eigenen Umstände können uns mitunter ignorant gegenüber der Lebensrealität anderer werden lassen. Genauso, wie es nicht in Ordnung war, dass Marie Antoinette über die Armen ihres Landes gesagt hat, sie sollen doch einfach Kuchen essen, wenn sie kein Brot hätten, so ist es nicht okay, unseren Mitmenschen die Verantwortung für ihr Wohlergehen nur in ihre Schuhe zu schieben.

Also: Selbstfürsorge und Empowerment sind wichtig, noch wichtiger sind gesamtgesellschaftliche Veränderungen, die mehr soziale Gerechtigkeit herstellen, damit wir alle den Raum haben, uns wirklich zu entfalten.

UND WAS HAT ES NUN MIT DEM AUSDRUCK MAGISCH AUF SICH?

Ich arbeite mit den Tarotkarten nach dem Ansatz, dass die Karten als Spiegel unserer Innenwelt dienen, mit dem wir uns reflektieren und neue Einsichten gewinnen können. Ich bin weder eine Wahrsagerin, noch kann ich in die Zukunft schauen, auch wenn das ganz schön cool wäre! Man könnte fast sagen, dass ich einen wissenschaftsbasierten, psychologischen Zugang zu den Karten habe. Dennoch spreche ich gern und oft von *Tarot Magic* und glaube daran, dass immer die richtige Karte zu uns findet. Diese Magie der Tarotkarten findet sich in vielen kleinen Momenten:

Wenn du eine schwere Phase durchmachst und einige Tage nacheinander immer dieselbe Karte ziehst – *Magic!*

Wenn beim Aufräumen eine Karte aus deinem Deck herausfällt, die perfekt zu deiner aktuellen Situation passt – *Magic!*

Wenn du ein Reading für das kommende Jahr machst und alle Karten sind aus der Großen Arkana – *Magic!*

Ich glaube, man muss nicht alles erklären können und sich auch nicht immer für eine Seite entscheiden. Das bedeutet, dass du ein vielschichtiger Mensch mit verschiedenen Seiten und Ansichten sein darfst. Es ist möglich, gleichzeitig wissenschaftsaffin zu sein und trotzdem den Raum für Magie zuzulassen. Mit diesem offenen Blick erlauben wir uns, Dinge zu sehen, die wir nicht immer eindeutig erklären können – und das macht die Arbeit mit den Karten so magisch.

DAS TAROT VON A. E. WAITE

Das Tarot von A.E. Waite wurde 1909 zum ersten Mal verlegt und gehört inzwischen zu den beliebtesten Decks weltweit, weil seine Symbolik zugleich leicht zu erfassen, als auch unglaublich vielschichtig ist.

A.E. Waite beauftragte damals die Illustratorin Pamela Colman-Smith, die wie er Mitglied der Geheimgesellschaft Hermetic Order of the Golden Dawn war. Sie fertigte die Zeichnungen nach seinen Vorgaben an. Das Besondere am Waite-Deck ist, dass die Bedeutungen der Karten szenisch illustriert sind und der Person, die damit arbeitet, erlauben, sich in diesen Szenen wiederzuerkennen. Das macht das Tarot von A.E. Waite so zugänglich und ist der Grund, weshalb es das beliebteste Deck ist. Zu keinem anderen Deck gibt es so viel Literatur und Variationen, die darauf beruhen. Sein Erfolg ist also nicht nur dem Wissen von Waite, sondern auch der Darstellung von Pamela Colman-Smith geschuldet, deren Name sich leider nicht in der Benennung des Decks findet. In feministischen Tarot-Kreisen wird das Deck deshalb auch als Smith-Waite bezeichnet, auch wenn das kein offizieller Name ist.

DAS MODERN WITCH TAROT

Die Entstehung des Modern Witch Tarot war eigentlich gar nicht geplant. Illustratorin Lisa Sterle entwarf zuerst die »Ten of Swords-Karte« mit dem Ausdruck »Everything is fine«. Die Illustration mit der von Schwertern niedergestreckten Frau, die auf dem Boden liegend trotzdem in ihr Handy schaut, traf den Nerv der Zeit und ging auf der Website Tumblr viral. Weil die Resonanz so groß war, überlegte Lisa Sterle sich, ein ganzes Deck zu gestalten. Es dauerte zwei Jahre, bis sie genug Inspiration hatte, die restlichen Karten zu entwerfen. Dabei waren ihr Zugänglichkeit und Identifikation besonders wichtig: Sie wollte ein Deck kreieren, in dem man sich und seine Freund*innen wiedererkennen konnte. Es sollte möglichst divers werden. Außerdem verzichtete sie auf religiöse Symbole und machte das Tarot damit zugänglicher, da weniger Vorwissen nötig ist, um die Bedeutung zu verstehen.

Ihr war es wichtig, die Bedeutungen der Waite-Karten nicht zu sehr zu ändern, aber ihnen einen anderen, modernen Twist zu geben. Deshalb sind ihre Figuren auch super-cool gekleidet, haben Tattoos und zeigen den aktuellen Zeitgeist – was das Deck fast schon zu einem historischen Dokument macht.

Das Modern Witch Deck – Ein feministisches Deck!

Das Besondere an Lisa Sterles Tarot ist, dass sie auf die Darstellung männlicher Archetypen verzichtet und ganz bewusst Frauen und nicht-binäre Personen abbildet. Unter nicht-binär versteht man Personen, die sich nicht eindeutig weiblich oder männlich identifizieren und oft auch nicht so gelesen werden können, weil sie sich »typischen« Merkmalen verweigern. Sie brechen damit aus dem Genderkonstrukt aus und schaffen Raum für neue Freiheit. In den vormals männlichen Archetypen werden die maskulinen Energien nun durch die Kleidung reflektiert.

Lisa Sterle war es außerdem wichtig, verschiedene Hautfarben und Körperformen abzubilden. Damit hat sie ein zeitgenössisches, feministisches Tarot erschaffen, das ganz besonders bestärkend ist und in dem sich viele verschiedene Menschen wiederfinden können!

GROSSE ARKANA

O DER NARR

»There is freedom waiting for you, on the breezes of the sky. And you ask, ›What if I fall?‹ Oh, but my darling, ›What if you fly?‹«
(Erin Hanson)

Stichworte:
Zuversicht, Vertrauen, Abenteuerlust, Naivität

Als erste Karte des Tarot trägt Der Narr die Zahl Null: Noch vor der Ziffer Eins steht er als Ursprungsenergie für das grenzenlose Vertrauen eines Neugeborenen. Er weiß noch nichts von all den Sorgen oder Bedenken, die auf uns warten, während wir unser Leben leben, sondern tritt voller Zuversicht in seine Zukunft. Auf der Darstellung siehst du, dass Der Narr ohne Angst auf eine Klippe zugeht, bereit, seinen ganz eigenen Weg zu gehen. Sein Vertrauen, seine Zuversicht sind grenzenlos! Diese verspielte, offene Energie wird durch den kleinen Hund unterstrichen, der zu seinen Füßen freudig in die Luft springt, und durch das leichte Gepäck, das er dabeihat.

Damit ist Der Narr ein wunderbares Vorbild dafür, mehr zu vertrauen und sich weniger um das zu sorgen, was kommt. Einfach mal vom Besten ausgehen – warum auch nicht?! Wenn du den Narren als Karte ziehst, ist er dein Vorbild dafür, mehr zu wagen, neu anzufangen und unverdrossen deinen eigenen Weg zu gehen.

Modern Witch Tarot

Statt eines Bündels trägt Die Närrin im Modern Witch Tarot einen kleinen Rucksack und die Kulisse ist eine moderne Skyline. Kopfhörer in beiden Ohren, tanzt sie Musik hörend auf die Klippe zu und sieht dabei so fröhlich aus! Auch Lisa Sterle betont damit die Leichtigkeit und Unbeschwertheit dieser Karte.

In deinem Leben

Vielleicht stehst du gerade vor einem neuen, spannenden Lebensabschnitt wie dem ersten Job oder dem Zusammenziehen mit eine*r Partner*in. In diesen Momenten kannst du dich an den Narren halten! Er ist dein Wegweiser für Zeiten, in denen wir etwas Neues und Aufregendes beginnen. Jede Veränderung erfordert Mut und Zuversicht, und Der Narr sagt dir, dass du voller Vertrauen losgehen kannst. Es ist schließlich genauso wahrscheinlich, dass alles schön wird, wie dass es doof wird, oder?

Deine Selbstfürsorge-Praxis

Das Wesen des Narren kannst du besser verinnerlichen, wenn du durch Meditation deine Achtsamkeit stärkst. Dadurch lernst du, dich besser zu beobachten, und immer, wenn du spürst, dass Ängste und Zweifel aufkommen, ganz bewusst ins Vertrauen zu gehen. Nach und nach wirst du gelassener mit den Gedanken an die Zukunft. Diese Praxis erfordert Zeit und Geduld, aber sie funktioniert! Deine Lieblingsmusik kann dich dabei unterstützen, in eine entspannte, zuversichtliche Stimmung zu kommen. Wann hast du das letzte Mal richtig laut aufgedreht und getanzt?

I DER MAGIER

»Was immer du tun kannst oder träumst, es tun zu können, fang damit an! Mut hat Genie, Kraft und Zauber in sich.«
(Johann Wolfgang von Goethe)

Stichworte:
Selbstvertrauen, Einzigartigkeit, Mut, Magie

Der Magier ist so eine wunderschöne, ja eben magische Karte! Er ist ein selbstbewusster Archetyp, der sich seiner eigenen Kraft und Magie vollkommen bewusst ist.

Seine rechte Hand zeigt mit dem Stab nach oben, seine linke Hand Richtung Boden. Damit verweist er auf die Verbundenheit aller Dinge, *wie oben, so unten*. Das Unendlichkeitszeichen über seinem Kopf betont das zusätzlich. Auf dem Tisch des Magiers liegen die Symbole der Kleinen Arkana, Stab, Schwert, Kelch, Münze, als Zeichen dafür, dass er alle Elemente beherrscht. Der Magier ist aufgrund seiner eigenen Persönlichkeit davon überzeugt, einen Unterschied machen zu können. Er macht sich nicht klein, sondern geht hoch erhobenen Hauptes durch die Welt, selbstsicher und zielbewusst. Dieser Archetyp zeigt dir, was in dir steckt und worauf du Stolz sein kannst!

Modern Witch Tarot

Im Modern Witch Tarot hat Lisa Sterle den Ausdruck *Black Girl Magic* aufgegriffen und aus dem Magier eine schwarze Magierin gemacht. 2013 prägte CaShawn Thompson diesen Hashtag, der beschreibt, dass es schwarze Frauen aufgrund ihrer mehrfachen Diskriminierung oft schwerer haben, erfolgreich zu sein, und dass es eine ganz besondere Magie erfordere, sich trotz dieser Widerstände durchzusetzen – und dass schwarze Frauen diese besondere Magie umgebe. Damit zeigt Lisa Sterle, wie wichtig es ihr ist, sich gegen Diskriminierung einzusetzen und diverse Perspektiven abzubilden.

In deinem Leben

Der Magier kommt in dein Leben, wenn du gerade etwas Unterstützung darin brauchst, selbstbewusster zu werden. Er ermutigt dich dazu, herausfordernde Dinge anzugehen und auf deine eigene Art und Weise umzusetzen!

Er unterstützt dich besonders, wenn du dich fragst, weshalb ausgerechnet du einen Unterschied machen solltest oder was an dir besonders ist. Niemand ist du und das ist deine Superkraft!

Deine Selbstfürsorge-Praxis

Die Essenz des Magiers besteht darin, dass du aus deinem Kopf raus ins Handeln kommst. Deine Aufgabe ist es, Dinge zu erschaffen, deine Magie zu leben, und dazu brauchst du den Mut, an dich selbst zu glauben. Falls du stattdessen feststellst, dass du zögerst und hin und her grübelst, weil du unsicher bist – Stopp! Hiermit bekommst du die Erlaubnis, dein Ding zu machen. Du bist die Magierin, die durch ihre einzigartigen Kräfte etwas ganz Besonderes schafft! Erlaube dir, den einen kleinen Schritt zu gehen, dem Impuls deiner Kreativität zu folgen, und vor dir wird sich ein ganz neuer Weg auftun, auf dem du immer selbstbewusster wirst.

II DIE HOHEPRIESTERIN

»Vertrau deiner Intuition. In dir ruht die ganze Weisheit.«
(Lilo Schwarz)

Stichworte:
Intuition, Wissen, Lehren, Weiblichkeit

Die Hohepriesterin verkörpert den Zugang zu deiner inneren Stimme. Sie ist voller Vertrauen in sich selbst und das, was ihre Intuition ihr sagt. Damit ist sie das Gegenstück zu unserer menschlichen Welt, in der Rationalität und Kopfentscheidungen sich durchgesetzt haben. Die Hohepriesterin interessiert das alles nicht. Sie handelt aus dem Bauch und dem Herz heraus und schert sich nicht darum, wie jemand anderes das sieht. Sie ist ein großartiges Vorbild dafür, an unsere innere Stimme zu glauben und darauf zu vertrauen, dass sie uns den Weg weist.

Die Mondsichel und der Vorhang stehen für die Verbindung zur mystischen Welt, die Mondkrone weist darauf hin, dass sie weiß, wann der richtige Zeitpunkt für etwas ist. Der Vorhang ist die Verbindung zu anderen, geheimnisvollen Welten.

Granatapfel und offene Säulen stehen für Fruchtbarkeit und Empfänglichkeit. All diese Symbole zeigen an, dass Die Hohepriesterin eine der Archetypen ist, die für Weiblichkeit stehen.

Modern Witch Tarot

Die Hohepriesterin hat im Modern Witch Deck wirklich einen modernen Anstrich bekommen: Sehr elegant sitzt sie da, mit ihrem blauen Mantel und ihrer Mondkrone und gibt ihr Wissen mit dem Laptop an die Welt weiter oder lernt Neues dazu.

In deinem Leben

Vielleicht fällt es dir gerade schwer, deiner inneren Stimme zu vertrauen, und du haderst damit, eine Entscheidung zu treffen. Manchmal ist es ja auch schwer, sich von guten Ratschlägen deiner Freund*innen und Familie frei zu machen und auf dich selbst zu hören. Dann kannst du dich vertrauensvoll an Die Hohepriesterin als Unterstützung wenden! Sie ermutigt dich, dass deine Intuition den Weg leiten wird, auch wenn das, was sie sagt, auf rationaler Ebene nicht immer Sinn ergibt – du darfst dieser Stimme vertrauen.

Deine Selbstfürsorge-Praxis

Hast du schon mal einen Dialog mit deiner inneren Stimme geführt? Falls nicht, empfehle ich dir, das mal zu versuchen und dich davon überraschen zu lassen, was sie dir sagen will. Dazu brauchst du nur Stift und Papier und deine Neugier. Stell dir selbst Fragen, die gerade offen sind, oder frag dich, was du gerade brauchst. Durch das Schreiben mit der Hand werden bestimmte Gehirnareale aktiviert und du bekommst Einblicke in dich selbst, die im Trubel des Alltags untergehen.

III DIE HERRSCHERIN

»She remembered who she was and the game changed.«
(Lalah Delia)

Stichworte:
Selbstfürsorge, Selbstliebe, Weiblichkeit, Kreativität

Die Herrscherin umgibt eine unwiderstehliche Anziehungskraft, weil sie Selbstsicherheit und Lebensfreude ausstrahlt. Sie ist der Mensch, der morgens den Kaffee aus einer Porzellantasse trinkt, in Rosenblättern badet und nichts zu ernst nimmt. Sie versprüht den Glanz des Lebens, und wenn du mit ihr arbeitest, verkörperst du nach und nach dieselbe Leichtigkeit.

Die Herrscherin hat kein Problem damit, sich auf ihren weichen Kissen zurückzulehnen und all das Gute anzunehmen, dass das Leben für uns bereithält. Sie weiß tausendprozentig, was sie Wert ist. In einer binären Denkweise verkörpert sie damit das annehmende, das »weibliche« Prinzip. Sie steht deshalb auch für Fruchtbarkeit, was allerdings nichts mit Fruchtbarkeit im engen Sinne zu tun haben muss. Auch Kreativität ist damit gemeint, die Fähigkeit und das Vertrauen, den eigenen schöpferischen Impulsen nachzugeben und Dinge zu erschaffen. Für Die Herrscherin ist das kein Problem: Sie vertraut in sich und das Leben und lässt Kreativität durch sich hindurchfließen.

Modern Witch Tarot

Same, same but different – auch im Modern Witch Tarot zeigt die Gestaltung der Herrscherin ihre Verbindung zu den schönen Dingen des Lebens. Reich geschmückt lehnt sich Die Herrscherin in ihrem weißen Gewand zurück und chillt gemütlich auf ihren Kissenbergen. Ihre Souveränität wird nicht durch ihre Entspanntheit oder Lebensfreude geschmälert, denn sie weiß, dass sie die Herrscherin ist und ihr diese Stellung niemand wegnehmen kann – sie muss nichts mehr beweisen. Im Gegenteil, ihre Weichheit unterstreicht ihre Stärke, denn nur wer tatsächlich souverän ist, kann zu allen Gefühlen stehen und muss keine Fassade aufrechterhalten. Das macht sie erst recht sexy und verführerisch.

In deinem Leben

Die Herrscherin zeigt sich dir, wenn du eine Erinnerung daran brauchst, dass du eine wunderbare, kraftvolle Person bist. Damit ist sie ein Reminder, den wir nicht oft genug hören können, besonders, wenn wir weiblich sozialisiert wurden. Mit der Herrscherin an deiner Seite fällt es dir nicht mehr schwer, dich unterstützen zu lassen und deine Selbstliebe an erste Stelle zu setzen. Das hast du verdient!

Deine Selbstfürsorge-Praxis

Du darfst es dir jetzt mal wieder so richtig gut gehen lassen und alles tun, was sich luxuriös anfühlt. Und zwar ohne einen bestimmten Anlass! Du möchtest Torte zum Frühstück, dein schönstes Kleid tragen, ein Schaumbad nehmen? Go for it! Die Herrscherin erlaubt dir, all das zu deinem Alltag zu machen. Du musst dir nichts verdienen, allein durch dein Sein darfst du es dir sowas von gut gehen lassen! Und das Leben ist zu kurz, um auf Torte zu verzichten, oder?

IV DER HERRSCHER

»Strong back, soft front, wild heart.«
(Brené Brown)

Stichworte:
Selbstvertrauen, Größe, Struktur, Männlichkeit

Der Herrscher steht als einer von zwei Polen für *The divine masculine*. Was ist »der männliche Pol«, wenn er ausgeglichen ist? Eine anziehende Kraft, die Halt und Stärke bietet. Eine Souveränität, die sich nicht durchsetzen muss, sondern von innen nach außen strahlt. Der Herrscher steht für eine Person, die weiß, wer sie ist, die den Raum einnimmt, der ihr zusteht, und die ihr Wort hält. Und wenn in uns eine Balance beider Pole herrscht (die, wie ich an dieser Stelle immer sage, einfach nur männlich und weiblich benannt werden, weil unser menschliches Denken das gut erfassen kann), dann können wir genau das.

Mit dem Herrscher in deinem Leben darfst du dich daran zurückerinnern, dass in dir eine unendliche Stärke schlummert. Als du auf die Welt kamst, wusstest du vermutlich genau, dass du geliebt bist und sein darfst, wie du bist. Vielleicht hast du das mit den Jahren verlernt. Hast gelernt, dich anzupassen, damit man dich annimmt, hast dich verstellt oder klein gemacht. Nimm dir den Herrscher als Vorbild: Er weiß, wer er ist, und muss sich doch gar nicht aufspielen oder arrogant werden. Diese Sicherheit strahlt er aus. Keiner kann ihn von seinem Thron stoßen. Er ist außerdem deine Unterstützung dafür, wenn du dein Vertrauen in dich selbst aufbauen und neue Struktur in dein Leben einladen willst.

Modern Witch Tarot

Im Modern Witch Tarot sitzt ein sehr viel modernerer Herrscher auf dem Thron, der vom Äußeren nicht eindeutig weiblich oder männlich definierbar ist. Die Person wirkt weniger hart als im Waite-Tarot, viel mehr schaut sie dich mit einem bestimmenden und souveränen Blick an. Die Widderhörner auf ihrem Kopf signalisieren Führungsstärke und der Anzug unterstreicht die Machtposition. Das ägyptische Lebenszeichen Ankh hält sie wie ein Zepter in der Hand. Liegt hinter ihr vielleicht die Stadt, über die sie herrscht?

In deinem Leben

Vielleicht kennst du das, dass du dich klein machst und deine Bedürfnisse immer an dein Umfeld anpasst, um nicht anzuecken. Der Herrscher ist dafür da, dir das Gegenteil zu erlauben! Du darfst zu dir und für dich einstehen – und dabei musst du nicht laut oder fies werden. Außerdem kann er dich dabei unterstützen, mehr Struktur in dein Leben einzuladen. Sich treiben lassen ist total wichtig, aber *Balance is key*: Wenn deine beiden Pole ausgeglichen sind, kannst du am meisten erreichen, und dein Vertrauen in dich selbst wird dadurch stärker.

Deine Selbstfürsorge-Praxis

Mit dieser Karte darfst du üben, mehr für dich einzustehen! Das kann am Anfang neu und beängstigend sein, doch je öfter du es übst, desto selbstverständlicher wird es für dich. Der Herrscher steht für Selbstwert, und diesen Wert baust du am besten dadurch auf, dass du für dich und deine Grenzen Stellung beziehst und dir dadurch zeigst, was du wert bist.

V DER HIEROPHANT

»I'm not bossy – I just happen to be more capable than most everyone else.« (Shannon Hale)

Stichworte:
Selbstwert, Souveränität, Macht

Der Hierophant war für mich lange eine etwas schwer zu greifende Karte. Dargestellt ist der Papst, Oberhaupt der Kirche und damit einer sakralen Institution. Der Hierophant ist also ein wichtiger Kommunikator, der zwischen der profanen, weltlichen und der sakralen, heiligen Welt vermittelt. Als Karte stellt er einen Archetypen dar, der ganz genau weiß, dass er über Wissen verfügt, das nicht jedem zur Verfügung steht, aber ebenso gütig ist, es weiterzugeben. Eine Respektsperson, die ein Vorbild ist und die sich dieser wichtigen Aufgabe erst würdig erweisen musste, indem sie ein untadeliges Leben führte. Diese Karte kann auch für dich eine Vorbildfunktion erfüllen und dich daran erinnern, wie wichtig Routinen und Rituale sind. Andererseits kann sie auch ein Zeichen dafür sein, die eigenen Gewohnheiten zu hinterfragen und für sich neu herauszufinden, was Sinn ergibt und was du vielleicht nur machst, weil es sich vermeintlich »so gehört«. Wenn

Der Hierophant deine innere Rebellin weckt, kannst du dich neugierig damit auseinandersetzen: Was ist es, das diese Gefühle in dir auslöst, welche Überzeugungen zeigen sich hier?

Modern Witch Tarot

Die Hierophantin des Modern Witch Tarot sitzt mit nackten Füßen da, was einen geerdeten Eindruck macht. Sie muss ihre Macht nicht durch Äußerlichkeiten signalisieren, sondern lässt ihre Souveränität trotz des einfachen Kleids und der Tattoos durchscheinen. Nur ihre Krone zeigt, dass sie etwas Besonderes ist! Statt eines Kreuzes hat sie ein Zepter mit einem funkelnden Stein in der Hand, die sakrale Deutung lässt Lisa Sterle also hinter sich. Ihre rechte Hand hat sie mit segnender Geste erhoben und auch sie vermittelt geheimes Wissen, durch die überkreuzten Schlüssel dargestellt. Zwei Menschen hören ihr gebannt zu.

In deinem Leben

Der Hierophant kann dich begleiten, wenn du eine Zeit erlebst, in der du dich mit deinen Glaubenssätzen und Vorurteilen auseinandersetzt. Er ist die Aufforderung an dich, zu reflektieren, was für dich tatsächlich Sinn ergibt und was du, ohne viel darüber nachzudenken, übernommen hast. Fragen, die du dir stellen kannst: Tut es dir vielleicht gut, wieder mehr Routine in dein Leben einzuladen und dir selbst stärkere Grenzen zu setzen? Oder brauchst du im Gegenteil mehr Freiheit, um dich auszuleben?

Deine Selbstfürsorge-Praxis

Der Hierophant kann eine Ermutigung an dich sein, deine spirituelle Praxis wieder aufleben zu lassen: Welche Rituale hast du schleifen lassen, die dir eigentlich guttun? Was würdest du gerne neu entdecken? Jetzt ist es an der Zeit, dich auf die Dinge festzulegen, die dir dabei helfen, in deiner Mitte zu sein und dich mit deiner Spiritualität zu verbinden, sei es durch Tarotkarten legen mit diesem Buch, Rituale mit dem Mond oder regelmäßige Meditation, was immer dir Freude bereitet!

VI DIE LIEBENDEN

»Lass dein Leben und Wirken hier auf dieser Welt Ausdruck der Liebe sein.« (Diana Sans)

Stichworte:
(Selbst-)Liebe, Potenzial, Verbindung

Mhmm, Die Liebenden, so eine juicy Karte! Lange habe ich mich mit ihrer Bedeutung schwergetan, denn es war für mich klar, dass sie viel mehr umfasst als romantische Liebe zwischen zwei Personen. Doch wie genau das aussah, war schwer zu greifen, so fest saß die Disney-Brille mit ihren rosaroten Gläsern und dem »und wenn sie nicht gestorben sind …« auf meiner Nase. Doch Liebe finden wir nicht nur in unserem Partner, nicht nur, wenn der Hormonrausch kickt, sondern auch im täglichen Leben. Du kannst Liebe in deiner Umgebung finden, im ruhigen Atem deines schlafenden Haustieres, in der Blüte, die sich strahlend gen Himmel öffnet, in einem Lied, das dich an einen besonderen Moment erinnert.

Wenn wir mit der Karte Die Liebenden arbeiten, öffnen wir uns für die Schönheit um uns herum. Wir werden uns dessen bewusst, dass unsere Umgebung und auch unser Gegenüber ein Spiegel unserer selbst sind. Was du am anderen schön und bewundernswert findest, kannst du auch in dir selbst entdecken, indem du erkennst, dass dir deine eigenen Möglichkeiten gespiegelt werden. Du kannst dir deine Bedürfnisse selbst erfüllen und ein Mensch, der dich dabei begleitet, ist die *Cherry on Top*, aber nicht derjenige, der dich glücklich machen muss. Was kannst du dir selbst geben, um dir deine Liebe zu zeigen?

Modern Witch Tarot

Eine Symphonie der Farben, das ist diese Karte im Modern Witch Deck! Blaue, rote, violette und rosafarbene Töne finden sich auf der Illustration. Hier wird die Polarität der Farben nicht gegeneinander ausgespielt, sondern zeigt, wie vielfältig, wie facettenreich die Liebe sein kann. Über allem leuchten die roten Flügel des Engels vor einem schwarzen Sternenhimmel. Ähnlich wie beim Teufel zeigt Lisa Sterle ihre Figuren nicht von vorne, sondern in Rückenansicht, und lässt so gedanklichen Spielraum für alle möglichen Liebeskonstellationen.

In deinem Leben

Mit den Liebenden gehst du auf eine Entdeckungsreise zu dir selbst. Wo kannst du in deinem Umfeld Liebe entdecken, die über das gewohnte Bild von Zweisamkeit hinausgeht? Vielleicht wird dir klar, dass du etwas in deinem Partner suchst, was du dir selbst geben kannst. Zweisamkeit macht nicht per se glücklich, auch wenn uns das zahlreiche RomComs und Märchen immer wieder erzählen. In dir selbst liegt der Schlüssel für Selbstliebe und Erfüllung!

Deine Selbstfürsorge-Praxis

Das Stichwort »Achtsamkeit« ist fast schon überstrapaziert, aber so wahr für diese Karte! So oft sind wir mit anderen Dingen beschäftigt und haben keinen Blick für das, was gut in unserem Leben ist. Lenke deinen Blick auf das, was dich an alltäglicher Schönheit umgibt, und hol dich dadurch zurück aus deinen Gedanken. Wo kannst du etwas sehen, das deine Augen schön finden? Findest du etwas, das gut riecht? Kannst du ein Geräusch wahrnehmen, das angenehm ist? Du kannst alle deine Sinne nutzen, denn Liebe und Schönheit umfasst alles, was du sinnlich erfahren kannst. Dadurch bringst du neue Vielschichtigkeit in deinen Alltag.

VII DER WAGEN

»Ask for what you want and be prepared to get it!«
(Maya Angelou)

Stichworte:
Aufbruch, Umsetzungsstärke, Wille

Drei, zwei, eins, los! Mit dem Wagen kommt Aufbruchsstimmung in dein Leben. Der Wagenführer ist niemand geringeres als der Frühlingsgott, der Veränderung, Wachstum und neues Licht mit sich bringt. Kein Wunder, dass diese Karte immer einen Wow-Effekt hervorruft! Mehrere Zeichen deuten auf die himmlische Herkunft des feschen Jünglings hin, wie der Sternenbaldachin seines Wagens, die Mondsicheln und der Sternzeichengürtel um seine Hüften.

Mit dem Wagen wirst du ermutigt, deine himmlischen, fernen Ideen auf die Erde zu holen und zu handfesten Projekten zu machen! Die Kraft des Aufbruchs, die unaufhaltsame Veränderung des Frühlings ermutigen dich, diese Energie für deine Träume und Ziele zu nutzen. Aber hey, immer realistisch bleiben: Dass es bei der Umsetzung auch mal schwierig werden kann, das zeigen die zwei schwarzen und weißen Sphinxe, die als Zugtiere nicht nur schwer zu bändigen sind, sondern mit ihrer unterschiedlichen Farbe auch für widersprüchliche Kräfte stehen, die gelenkt werden wollen.

Modern Witch Tarot

Eine coolere Karte muss man erstmal finden! Statt auf einem öden grauen Wagen sitzt die Wagenführerin bei Lisa Sterle auf einem Motorrad, ihr entschlossener Blick mit dem leichten Lächeln scheint zu sagen: »Her mit dem Abenteuer!« Sterne und Mondsicheln schmücken sie wie Fashion-Accessoires, ihr fällt verwegen eine Haartolle in die Stirn, und diese Dynamik wird durch das Strahlen hinter ihrem Kopf zusätzlich betont. In der Hand hält sie etwas, das an einen Zauberstab erinnert. Hinter der Wagenführerin liegt die Kulisse einer namenlosen Stadt, und eine Staubwolke deutet darauf hin, dass sie bereits mit dem Motorrad auf der Reise ist – Was sie wohl erlebt hat?

In deinem Leben

Wenn du den Wagen ziehst, spürst du vielleicht seine Aufbruchsstimmung in deinem Körper kribbeln. Seine Kraft ist verheißungsvoll und macht Lust auf mehr! Mit dieser Karte bekommst du die Gelegenheit, aus deinen gedanklichen Einschränkungen auszubrechen und groß zu träumen. Wenn alles möglich wäre, was würde das für dich bedeuten? Lade deine Tagträume dazu ein, Realität zu werden, und nutze die Kraft des Wagens, um ganz konkrete Schritte zu gehen.

Deine Selbstfürsorge-Praxis

Tja, mit dem Wagen läuft eigentlich alles von selbst, oder? Oftmals ja! Manchmal kann uns aber unser Perfektionismus in die Quere kommen und uns daran hindern, wirklich für unsere Ziele loszugehen. Dann schaltet sich der Kopf dazwischen und zweifelt unsere nächsten Schritte an. Wenn du das auch feststellst, hast du hiermit die offizielle Erlaubnis, deinen Impulsen zu folgen, ohne dabei den perfekten Plan zu haben. In dieser Karte liegen Abenteuer und Spiel! Lass dich auf deine nächsten Schritte ein und vertraue darauf, dass sich der Weg nach und nach ergibt.

VIII KRAFT

»Kraft kommt nicht aus körperlichen Fähigkeiten. Sie entspringt einem unbeugsamen Willen.« (Mahatma Gandhi)

Stichworte:
Innere Stärke, Souveränität, Vereinen von Gegensätzen

Die Kraft ist eine meiner persönlichen Lieblingskarten! Der Kontrast zwischen der anmutigen, in zartes Weiß gekleideten Frau und dem wilden Löwen ist faszinierend. Lässig beugt sie sich über seinen Kopf und scheint ihn völlig angstfrei zu bändigen. Sie will ihm die Blumengirlande anlegen, um ihn wie sich selbst zu schmücken und eine Gemeinschaft aus beiden zu machen.

Der Löwe steht für unsere wilde, ungebändigte Seite, unsere Instinkte und Impulse. Was den Löwen zähmt, ist nicht körperliche Überlegenheit, sondern innere Stärke, und genau das macht den Wow-Effekt dieser Karte aus. Du wirst ermutigt, deine Souveränität anzuerkennen und in deine volle Kraft zu wachsen. Du darfst alle deine Anteile anerkennen und liebevoll integrieren. Das bedeutet, Frieden mit dir selbst zu schließen und dir zuzugestehen, dass in dir viel mehr steckt, als du manchmal glaubst. In dir ruht eine Kraft, die den stärksten Löwen bändigen kann, wenn du dir nur erlaubst, sie zu leben.

Modern Witch Tarot

Bei Lisa Sterle scheint der Moment der Zähmung und Integration der wilden Anteile bereits vorbei zu sein, denn Löwe und Frau stehen beziehungsweise sitzen nebeneinander und schauen einträchtig in dieselbe Richtung. Um seinen Hals liegt die Blumengirlande und sie hat liebevoll ihre Hände auf seinen Kopf abgelegt. Dadurch wirkt das Bild harmonischer, zugänglicher als im Original. Allerdings geht mit dem braven Löwen auch ein bisschen die Wildheit und Widersprüchlichkeit der Karte verloren.

In deinem Leben

Mit der Kraft zu arbeiten, ist ein echter Boost für dein Selbstwertgefühl. Dein Löwe ist vielleicht dein*e innere Kritiker*in, die du mit dieser Karte zum Schweigen bringen darfst. Wann immer die kleine Stimme in dir anfängt, dich in Frage zu stellen, kannst du dir vorstellen, dass du sie liebevoll bändigst und als Teil von dir integrierst. Mach dir bewusst, dass du voll und ganz auf deine Souveränität vertrauen und dein Leben selbst in die Hand nehmen darfst!

Deine Selbstfürsorge-Praxis

Diese Karte kann man wunderbar in die Arbeit mit dem eigenen Körper einbauen. Erinnere dich an einen Moment, in dem du dich total stark gefühlt hast, und reflektiere, wo genau du dieses Gefühl im Körper gespürt hast. Wie fühlt es sich an, welche Form und Farbe hat es? Mach dir diese innere Überzeugung, das Gefühl, ganz bewusst und spüre es mit jeder Zelle deines Körpers. So fühlt sich deine innere Stärke an – und die ist immer da und niemand kann sie dir wegnehmen.

IX DER EREMIT

»I have, as it were, my own sun and moon and stars, and a little world all to myself.« (Henry David Thoreau)

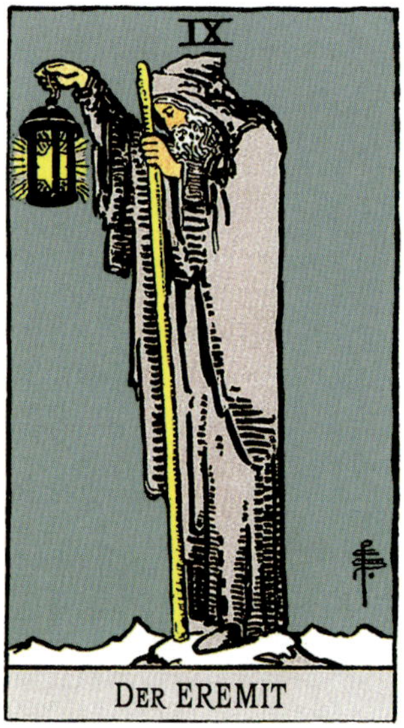

Stichworte:
Innenschau, Rückzug, Selbstsicherheit

Stolz und in sich gekehrt, sein graues Gewand fällt fast schon architektonisch anmutend in großen Falten zu Boden, so steht Der Eremit als Einzelfigur auf seiner Karte. In seiner rechten Hand hält er eine hell erleuchtete Lampe, links stützt er sich auf einen Stab. Sein weißer Bart und eine große Kapuze verdecken seine Gestalt, doch er wirkt wie ein alter, weiser Mann. Die minimalistische Gestaltung der Karte strahlt Ruhe aus.

Ich empfinde eine große Liebe für den Eremiten. Für mich ist diese Karte der Inbegriff einer souveränen, mit sich selbst verbundenen Person, die zuerst ihr eigenes Wohlbefinden sicherstellt, bevor sie ihre Weisheit weitergibt. Der Eremit weiß genau, was er braucht, und vertraut vollkommen auf seine innere Stimme, die durch das Licht symbolisiert wird. Er steht für Unabhängigkeit und Souveränität, denn ein Eremit braucht nichts und niemanden – was nicht bedeutet, dass er immer physisch alleine ist. Doch wenn er sich mit Menschen und Besitztümern umgibt, dann, weil sie ihm zusätzliche Freude bringen, und nicht, weil er von ihnen abhängig ist. Seine Souveränität zieht er daraus, dass er sich im Außen zurückzieht, wenn er das braucht, und so seine innere Stimme findet, frei von den Erwartungen und Meinungen der restlichen Welt.

Modern Witch Tarot

Statt eines alten Manns ist Die Eremitin in diesem Deck eine Frau mit langen, weißen Haaren. Auch sie wirkt in sich gekehrt, doch bricht ihr eleganter, barfüßiger Stand und die Hand, die zum Laptop greift, die Unbeweglichkeit der Originalkarte auf. Ihr Gewand fällt dynamisch um ihren Körper und sie hat eine Hand erhoben. Die leuchtende Kette mit dem Stern zeigt ihre innere Stimme, ihren Kompass. Sie scheint noch mehr auf dem Weg zu sein, weniger gefestigt als der Eremit im Waite-Tarot. Was sie mit dem Laptop macht? Es ist unklar, ob sie ihn auf- oder zuklappt. Vielleicht findet sie dort neues Wissen, vielleicht gibt sie darüber ihre Weisheit weiter.

In deinem Leben

Der Eremit ist die Ermutigung dafür, mehr auf deine innere Stimme zu vertrauen! Er zeigt dir, dass es okay ist, dich zurückzuziehen, auch wenn dir das vielleicht schwerfällt, weil du dafür Grenzen setzen musst. Er erinnert dich daran, dass du am besten weißt, was das Richtige für dich ist, und erlaubt dir, für dich und dein Wohlergehen einzustehen, dich um dich selbst kümmern und dich ernst zu nehmen. Falls er dir eine Phase anzeigt, in der du gegen deinen Willen alleine bist, darfst du deinen Blick darauf lenken, was du dadurch gerade alles lernst: Für dich zu sein, mit dir selbst besser in Kontakt zu treten und dadurch eine neue Qualität in deine zukünftigen Beziehungen zu bringen.

Deine Selbstfürsorge-Praxis

Im Austausch mit dir selbst, in deinem (inneren) Rückzugsort hast du den besten Zugang zu deiner inneren Stimme. Nur wenn Stille herrscht, kannst du dich selbst hören.

Meditation, Yoga oder ein langer Waldspaziergang können dich dabei unterstützen, zur Ruhe zu kommen. Dafür hast du keine Zeit? Der kleinste »Eremiten-Moment« kann sein, dass du dir kleine Offline-Zeiten im Alltag einbaust. Wenn du das Ganze noch vertiefen möchtest, nimm dir ein Stift und Papier und begib dich in den Dialog mit dir selbst oder lege dir die Tarotkarten. Du kannst dich fragen, was bei dir los ist und dich überraschen lassen – denn alle Antworten sind in deinem Inneren verborgen!

X RAD DES SCHICKSALS

»Relax! Nothing is under control.«
(Mareike Engelke)

Stichworte:
Achtsamkeit, Vertrauen, Hingabe

Das Rad des Schicksals erzählt eine Geschichte: Die Geschichte unseres Lebens, in dem sich all unsere Aufgaben und Erlebnisse aneinanderreihen und schließlich ein großes Ganzes ergeben. Im Laufe dieses Lebens lernen wir, dass wir nicht immer alles beeinflussen können, was uns geschieht, sondern die einzige wirkliche Sicherheit in uns selbst finden können. Du darfst dich entspannen, denn Kontrolle ist eine Illusion! Falls dir dieser Gedanke spontan Angstschweiß auf die Stirn treibt, bist du damit nicht allein. Dabei liegt darin so viel Freiheit: Denn warum sollen wir uns so viele Sorgen machen, wenn sowieso nichts in Stein gemeißelt ist? Wenn wir das als Grundannahme erkennen, kann uns das die Freiheit geben, jeden Tag so zu genießen, wie er es verdient hat: als ob es unser letzter wäre.

Auf der Karte finden sich allerhand Symbole, die für das Werden und Vergehen, für die Zeit an sich stehen: das Rad der Zeit in der Mitte am prominentesten. Die vier Elemente säumen die Ecken, offene Bücher zeigen unsere Lebensaufgaben an. Die Wesen rund um das Rad sind Schakal, Sphinx und Schlange und stehen für Werden, Sein und Vergehen. Sie zeigen uns, dass alles im ewigen Fluss ist und Sicherheit eine Illusion, von der wir uns frei machen dürfen. Dieses Wissen kann dir neue Freiheit schenken, denn es bedeutet, dass du nicht alles selbst kontrollieren musst und mehr ins Vertrauen gehen darfst.

Modern Witch Tarot

Lisa Sterle gibt diese Karte sehr reduziert wieder: Die Symbole von vier Sternzeichen, die stellvertretend für die Elemente stehen, finden sich in den Ecken, aber die Tiere wurden durch zwei Menschenfiguren ersetzt, die aussehen, als würden sie vom Rad mitgetragen. Sie zeigt dadurch, wie wir vom Lauf des Lebens mitgenommen werden und wie wenig Einfluss wir oftmals selbst haben. Manchmal fühlen wir uns obenauf und manchmal unten durch!

In deinem Leben

Gerade ist wahrscheinlich eine Menge los bei dir. Wichtige Lebensentscheidungen haben deine letzten Wochen geprägt. Du hast festgestellt, dass du nur bis zu einem bestimmten Grad Einfluss auf das nehmen kannst, was um dich herum passiert. Vielleicht hältst du noch daran fest, alles regeln und richtig machen zu wollen. Doch wie im Auge eines Sturms lernst du jetzt, dass du bei dir bleiben und dich auf dich verlassen kannst – und dass das manchmal viel wichtiger ist als Sicherheit im Außen (das gilt natürlich nur, wenn dein Grundbedürfnis nach sicheren Überlebensbedingungen erfüllt ist!).

Deine Selbstfürsorge-Praxis

Vertrauen ist eine Entscheidung, sagte meine liebe Kollegin Eva Hunger so schön, und das stimmt. Ähnlich wie beim Narren kannst du auch mit dieser Karte immer wieder bewusst ins Vertrauen gehen, wenn du merkst, dass du am Grübeln und Zweifeln bist, um die Dinge mehr anzunehmen. Du darfst dich außerdem mehr daran gewöhnen, Aufgaben abzugeben. Wenn das eine Herausforderung für dich ist, fühlt es sich erstmal nicht nach Selbstfürsorge an. Aber wenn du dich daran gewöhnst, wirst du feststellen, wie viel mehr Ruhe und Gelassenheit dir das schenkt.

XI GERECHTIGKEIT

»As long as I live I will have control over my being«
(Artemisia Gentileschi)

Stichworte:
Selbstverantwortung, Objektivität, Gerechtigkeit

Die Gerechtigkeit ist auf den ersten Blick keine besonders sexy Karte, dabei birgt sie so viel Weisheit in sich! Mit ernstem Gesicht sitzt Justitia da und nimmt mit ihrem roten Gewand und ihren ausladenden Gesten maximal viel Raum auf der Karte ein. Schwert und Waage deuten darauf hin, dass sie ein gerechtes, objektives Urteil fällen wird. Wie bei der Hohepriesterin deutet der Vorhang auf die Grenze zwischen der menschlichen und der spirituellen Welt hin – hier wirkt laut Waite nicht nur die menschliche, sondern auch eine göttliche Gerechtigkeit.

Für diese Karte finde ich diese Überlegungen wichtig: In der spirituellen Welt wird schnell mal mit dem Wort »Karma« um sich geworfen oder behauptet: »Everything happens for a reason.« Aus meiner Sicht ist das eine sehr privilegierte Sichtweise, denn es gibt viele Schicksale auf der Welt, die mit Sicherheit keinen höheren Grund haben. Manchmal ist das Leben extrem ungerecht, zum Beispiel wenn man flüchten muss oder einen schweren Schicksalsschlag erleidet! Es ist total wichtig, Selbstverantwortung zu übernehmen, ja – und genauso wichtig, politische und gesellschaftliche Missstände zu benennen und nicht alle Verantwortung auf das Individuum zu schieben. Mit dieser Karte darfst du Selbstverantwortung übernehmen, genauso, wie du dir bewusst machen kannst, welche Umstände deinen aktivistischen Einsatz erfordern, damit sich auf gesamtgesellschaftlicher Ebene etwas verändert und mehr Menschen Gerechtigkeit zuteilwird.

Modern Witch Tarot

Im Modern Witch Deck wurde der Gerechtigkeit ein cooler Anstrich verpasst: Lässig sitzt sie da mit ihrem Bob, ihrem roten Mantel und dem weißen Rollkragenpulli. Sie kann nicht eindeutig männlich oder weiblich gelesen werden, was ein schönes Zeichen für die Gleichstellung aller Geschlechter ist. Eine Krone braucht diese Justitia nicht, denn sie strahlt auch ohne äußere Anzeichen selbstbewusste Souveränität aus. Im Gegensatz zum Waite-Tarot sind hier beide Füße zu sehen. Damit wird kein Unterschied zwischen der rechten, rationalen und der linken, intuitiven Seite gemacht – beide Kräfte wirken gleichberechtigt!

In deinem Leben

Selbstverantwortung zu übernehmen, kann erstmal herausfordernd sein. Klar, wenn deine verpeilte Freundin mal wieder euren gemeinsamen Koch-Abend absagt, kannst du nichts dafür – und doch hast du wahrscheinlich öfter den Schlüssel zu deinem Leben selbst in der Hand, als dir bewusst ist. Du darfst mit dieser Karte mal hinschauen, wo du selbst etwas ändern kannst. Wenn dich jemand doof behandelt, ist es vielleicht an dir, klare Grenzen zu ziehen? Wenn dein Job dich nervt, musst du vielleicht deine Angst vor Neuem überwinden? Nimm dir ein Herz und sei ehrlich zu dir – und dann darfst du entdecken, wie viel Freiheit es mit sich bringt, wenn du es in die Hand nimmst, dein Verhalten zu verändern – ganz langsam, in deinem Tempo.

Deine Selbstfürsorge-Praxis

Du darfst jetzt ganz sanft und liebevoll mit dir umgehen! Sich zu verändern, sich einzugestehen, dass man seine Macht wieder ein Stück weit selbst in die Hand nehmen kann, erfordert Mut, und mutig zu sein, erfordert Kraft. Sei ganz achtsam mit dir und gesteh dir zu, dich nicht nur zu fordern, sondern deine Batterien auch wieder aufzuladen. Das gilt besonders, wenn du dich aktivistisch engagierst und nicht nur für deine, sondern für eine weitreichende Gerechtigkeit einstehst. Die schwarze Schriftstellerin und Aktivistin Audrey Lorde schrieb 1988: »Für mich selbst zu sorgen ist kein persönlicher Luxus, es ist Selbsterhalt und damit ein Akt politischer Kriegsführung« – und das gilt ganz besonders, wenn du zum Beispiel von Rassismus oder anderer Diskriminierung betroffen bist.

XII DER GEHÄNGTE

»Gib mir die Gelassenheit, Dinge hinzunehmen,
die ich nicht ändern kann,
den Mut, Dinge zu ändern, die ich ändern kann,
und die Weisheit, das eine vom anderen zu unterscheiden.«
(Reinhold Niebuhr)

Stichworte:
Selbstwirksamkeit, Hingabe, neue Perspektive

Der Gehängte scheint einfach so zu chillen, obwohl die Körperhaltung maximal unbequem sein muss: Er hängt kopfüber von einem Baum, hat aber die Hände locker hinter dem Rücken verschränkt und die Beine gekreuzt. Der Heiligenschein um seinen Kopf macht deutlich, dass er überhaupt nicht tangiert scheint von dem, was seinem leiblichen Körper widerfährt, sondern in anderen Sphären schwebt. Obwohl er sich körperlich nicht bewegen kann, steht er trotzdem nicht still, denn die Bewegung und das Wachstum spielen sich im Inneren ab.

Der Gehängte ist der Spiegel dafür, dass wir nicht immer Einfluss nehmen können auf das, was uns geschieht. Manchmal wollen wir so sehr, dass sich etwas ändert, und können doch nichts tun, als uns hinzugeben und den Ist-Zustand zu akzeptieren. Unsere Selbstwirksamkeit liegt da, wo wir unterscheiden, was in unserer Macht liegt und was nicht, und entsprechend eingreifen – oder uns dem Wissen hingeben, dass wir nichts tun können (was schwierig sein kann, klar!). Der Gehängte steht auch für die Zeiten, in denen wir an unserer mentalen Gesundheit arbeiten und innere Prozesse ablaufen. Von außen mag das nicht sichtbar sein, doch in uns kann sich ganz viel ändern, auch wenn man davon auf den ersten Blick nichts sieht. Dieser scheinbare Stillstand kann das größte Wachstumspotenzial bergen.

Modern Witch Tarot

Der Gehängte ist eine der Karten, die am wenigsten verändert wurden, und sieht bis auf die moderne Frau und ihr cooles Outfit ziemlich genauso aus wie im Waite-Tarot.

In deinem Leben

Vielleicht hast du gerade eine Phase, in der du darauf wartest, dass sich endlich etwas verändert? Du bist ungeduldig und möchtest endlich vorankommen?

Lass dich vom Gehängten daran erinnern, dass du Fortschritte machst, auch wenn sie nicht sichtbar sind. Wie kannst du das Beste aus der Situation machen, in der du dich befindest? Kannst du deine Sicht auf die Dinge ändern?

Deine Selbstfürsorge-Praxis

Meditation kann ein unglaublich nützliches Werkzeug dafür sein, an der eigenen Geduld und Hingabe zu arbeiten, das wurde in vielen Studien nachgewiesen. Der einfachste Einstieg sind geführte Meditationen, in denen eine angenehme Stimme dich durch die Meditation leitet. Falls du das nicht magst, probiere einfach mal aus, 5 Minuten dazusitzen und deine Gedanken immer wieder von den Geräuschen um dich herum zurückzuholen. Über einen längeren Zeitraum entwickelst du so eine größere Gelassenheit den Dingen gegenüber und lässt dich von deinen Gedanken nicht mehr so leicht aus der Ruhe bringen.

XIII TOD

»To live is to be willing to die over and over again.«
(Pema Chödrön)

Stichworte:
Loslassen, Abschied nehmen, Ende, Neuanfang

Der Tod ist wohl die bekannteste Tarotkarte, weil er in Hollywood-Filmen oft böses Unheil ankündigt. Diese Dramaturgie ist dafür verantwortlich, dass der Tod oft mit gemischten Gefühlen gesehen wird. Damit wird der Karte ganz schön Unrecht getan! Der Tod bringt keinen Tod im sprichwörtlichen Sinne mit sich, sondern steht erstmal ganz wertungsfrei für das Ende von etwas. Bevor Der Tod als Karte zu uns kommt, sind wir oft durch eine Zeit gegangen, in der wir gegrübelt haben, uns nicht entscheiden konnten, unsicher waren. Mit der Karte kommt eine gewisse Erleichterung: Denn egal, wie traurig oder befreiend diese Veränderung jetzt ist, sie zeigt auf jeden Fall an, dass die Ungewissheit vorbei ist.

Immer, wenn etwas stirbt, kann auch etwas Neues entstehen. Das ist der Kreis des Lebens, durch den wir alle verbunden sind, was auch in der Darstellung ganz verschiedener Menschen auf der Karte gezeigt wird. Im akuten Prozess der Veränderung können wir die Chance darin oft nicht sehen, das zeigen auch die Menschen auf der Karte, die in Richtung des Sensenmannes, aber nicht in Richtung der aufgehenden Sonne blicken. Dennoch ist es wahr: Mit jedem Abschied wird der Raum frei für einen Neuanfang.

Modern Witch Tarot

Das Modern Witch Deck greift die Symbole auf, lediglich die Menschen sehen moderner aus. Auch hier finden sich der Tod als Figur auf dem weißen Pferd, die schwarze Flagge mit der weißen Rose als Symbol ewigen Lebens und der Sonnenaufgang als Hoffnungsschimmer.

In deinem Leben

Du darfst dich jetzt endgültig von etwas verabschieden, was dich lange beschäftigt hat. Vielleicht ist es dein alter Job oder eine Beziehung, die nun endgültig zu Ende geht. Es kann sein, dass dich das sehr mitnimmt und du trauerst, trotzdem ist dir bewusst, dass es so, wie es vorher war, nicht mehr weitergeht. Der Tod kann dir Hoffnung geben: Es wird der Tag kommen, an dem du die Sonne wiedersiehst!

Deine Selbstfürsorge-Praxis

Falls du gerade trauerst oder Zukunftsängste hast, nimm dir alle Zeit der Welt dafür. Du musst nicht funktionieren und nichts leisten, wenn es dir nicht gut geht. Falls die Erleichterung der Karte überwiegt, feiere dich! Die Entscheidung ist gefallen, und auch wenn es schwer war, jetzt darfst du dich auf eine andere Zukunft freuen.

XIV MÄSSIGKEIT

»Einfach vertrauen. Alles fügt sich.«
(Eva Hunger)

Stichworte:
Balance, Auszeit, Vertrauen

Umringt von der Veränderung des Todes und der Verlockung des Teufels bringt die Mäßigkeit eine schöne Auszeit mit sich. Sie zeigt dir, dass du immer wieder zu einer inneren Balance zurückfinden darfst, und dass es auch mal okay ist, wenn sich nichts weiterentwickelt, sondern sich alles setzen und entspannen darf. Die Karte strahlt Ruhe und Vertrauen aus und zeigt den Erzengel Michael, den wir auch auf dem Gericht wiederfinden, als Schutzengel und Hoffnungsträger. Mit ruhiger Hand füllt er die Flüssigkeit aus einem in den anderen Kelch, während er mit einem Fuß auf dem Boden und mit dem anderen im Wasser steht. Er balanciert die beiden Gefäße genauso wie seinen Stand aus – es geht darum, in dir ein neues Gleichgewicht zu finden! Die aufgehende Sonne und der Weg dorthin zeigen dir, dass du hoffnungsvoll in die Zukunft schauen darfst.

Mit dieser Karte darfst du deine Absicht loslassen, irgendetwas erreichen zu wollen, und dich ganz auf deine innere Balance konzentrieren. Du bist jetzt mehr als genug und darfst ins Vertrauen gehen, dass alles da ist. Die Karte sagt dir außerdem, dass du die Verbindung zur Spiritualität, zum Universum oder wie du es nennen möchtest, nicht im Außen, sondern in dir und deinem Körper finden kannst. Du brauchst keine Kirche, keine Rituale, keine Erlaubnis, um dich spirituell verbunden zu fühlen! Das Dreieck im Quadrat zeigt genau das, denn es bedeutet: »Der Körper ist der Tempel Gottes« (Hajo Banzhaf).

Modern Witch Tarot

Im Modern Witch Tarot wurde der Bezug zum religiösen Vorbild aufgebrochen und statt der eindeutigen Darstellung Michaels sehen wir einen lässigen schwarzen Engel mit Locs und Streifenpulli, den das Dreieck im Quadrat wie ein Markenlogo schmückt. Liebevoll und zugleich eindringlich schaut sie uns an, als wolle sie sagen: »Hey, entspann dich, ich kümmere mich um alles!«

In deinem Leben

Die Mäßigkeit erscheint dir wahrscheinlich, wenn du diese Botschaft gerade dringend brauchst. Sie ist ein Anker, wenn dir alles zu viel wird und du dich fragst, wie du alle deine Verpflichtungen händeln, eine gute Partnerin, eine liebevolle Mutter und eine gute Mitarbeiterin auf einmal sein sollst. Kein Wunder, wenn dir das manchmal über den Kopf wächst!

Deine Selbstfürsorge-Praxis

Du darfst dir eine Pause gönnen! Vielleicht ist dein Leben gerade total trubelig und herausfordernd, vielleicht musstest du dich in der letzten Zeit ständig weiterentwickeln und wachsen. Und so schön Veränderung und Wachstum auch sind, manchmal darfst du dir eine Auszeit davon nehmen. Du darfst dich zurücklehnen, dich rausnehmen und darauf vertrauen, dass die Dinge den Lauf nehmen, den sie nehmen sollen, auch wenn du nicht aktiv daran arbeitest. Lass den ewigen Kampf ruhen, du darfst dich endlich entspannen. Anschließend kannst du mit mehr Kraft zurückkommen. Wenn du magst!

XV DER TEUFEL

»Der Himmel war nicht ohne Hölle zu haben.«
(Kea von Garnier)

Stichworte:
Selbstsabotage, Selbsterkenntnis, Verführung

Der Teufel – unglaublich viele gute Geschichten wurden schon über den gefährlichen Verführer erzählt, der auf der Karte mit finsterer Miene über zwei nackten Menschen in Ketten thront. Der Teufel gilt als »Das Andere«, das Böse, welches uns in seinen Bann ziehen will. Seine Hörner, Fledermausflügel und Bocksbeine zeigen, dass er von tierischen Trieben geleitet wird, und diese Triebe finden sich auch in den Tierschwänzen der Menschen wieder. Die Karte hat eine düstere Ausstrahlung und nichts Gutes scheint vom Teufel auszugehen.

Doch die Erzählung über den Teufel ist eine Lügengeschichte. Denn Verlangen, Lust und Unvernunft sind das Menschlichste überhaupt – sonst wäre dieses Verhalten nicht allen Menschen so gut bekannt! Doch obwohl der Teufel seit Anbeginn der Zeit zum Menschen dazugehört, lehnen wir ihn ab und sind im ständigen Kampf mit unseren angeblich schlechten Gewohnheiten. Dabei verliert der Teufel seine Anziehung, wenn wir ihn nicht mehr als getrennt von uns betrachten, sondern akzeptieren, dass Selbstsabotage und Fehler zum menschlichen Leben dazugehören. Wir nehmen dem Teufel seine Macht, wenn wir seinen Anteil liebevoll umarmen und in unser Selbstverständnis integrieren.

Modern Witch Tarot

Bei Lisa Sterle haben die Symbole des Teufels zu einer harmonischen Einheit zusammengefunden: Hier hat der Teufel einen Ziegenkopf, auf dem sich das umgedrehte Pentagram befindet. Auf die Tierschwänze hat sie bei ihren nackten Menschen verzichtet, stattdessen zeigen lodernde Flammen die innere Leidenschaft der beiden Personen an. Ihre reduzierte Gestaltung macht die Wirkung der Karte harmonischer und weniger furchteinflößend! Bei diesen Rückenfiguren kann man kein Geschlecht ausmachen, weil Lisa Sterle sie geschickt umgedreht hat.

In deinem Leben

Wahrscheinlich kennst du es auch, dass du dir fest vornimmst, endlich öfter laufen zu gehen oder morgens nicht mehr zu snoozen. Vielleicht willst du auch endlich den Neid ablegen, der dich manchmal überkommt, wenn jemand anderes in deinem Umfeld etwas erreicht, was du dir auch wünschst. Aber seine Gewohnheiten und Gedankenmuster zu ändern, ist nicht einfach, denn unser Unterbewusstsein mag es nicht, wenn etwas anders läuft und wir uns potenziell in Gefahr begeben. Deshalb ist es vollkommen normal, dass wirkliche Veränderungen Zeit und Geduld brauchen. Lass dich nicht stressen, wenn der Teufel dich wieder in seine Arme locken will, sondern versuch es mit Humor zu nehmen. Denn Scheitern, Rückfälle und Selbstsabotage gehören zum Leben dazu – es wird nur viel zu selten darüber gesprochen.

Deine Selbstfürsorge-Praxis

Mit der Selbstsabotage ist es so: Sie will uns davor schützen, dass sich was ändert. Solange wir alles so machen wie immer, dann bleiben wir so, wie wir uns schon kennen, in der kleinen Schublade unserer Selbsteinschätzung. Das fühlt sich vertraut und damit sicher an. Klingt paradox, aber überleg dir mal, welchen Vorteil du davon hast, wenn sich nichts verändert. Du darfst dich mit dieser Karte auf die Spurensuche zu den Ursprüngen deiner Gewohnheiten machen. Wo schränkst du dich ein oder verhinderst Weiterentwicklung, damit alles so bleibt wie immer? Und dann lade den Teufel ein, gemeinsam mit dir auf die Reise zu gehen: Nicht als Unbekannter, sondern als Teil von dir, der dazugehört.

XVI DER TURM

*»If it feels like chaos right now – don*t give up. All kinds of things can come from mess.« (Charlie Mackesy)*

Stichworte:
Umbruch, Chance, Neubeginn

Wenn ich in einem Reading den Turm ziehe, habe ich schon alle möglichen Reaktionen erlebt: Von einem erschrockenen »Huch« aufgrund der martialischen Bildsprache, die mich an 9/11 erinnert, bis hin zu Freude über die lang ersehnte Veränderung. Eines habe ich dabei festgestellt: Wie Der Turm auf dich wirkt, hat nichts mit der Karte, aber alles mit dir zu tun. Wie du den Turm auffasst, zeigt, wie gut du mit Veränderungen umgehen kannst. Denn die Karte bringt Umbruch mit sich, auf den du nur teilweise Einfluss hast. Was mit dieser Karte passiert, liegt ein Stück weit außerhalb deiner Kontrolle.

Wie der Blitz auf dem Bild einschlägt, so kann sich auch die Naturgewalt des Turms anfühlen: Du kannst dich nicht dagegen wehren, sondern dich nur für die Veränderung öffnen, die sowieso kommt. Auch wenn dieser Gedanke erstmal ein bisschen Angst macht, musst du dich doch hingeben – Autsch! Doch Der Turm bringt auch etwas Wunderbares mit sich: Die Chance dafür, dass etwas Neues entstehen kann. Du brichst aus den engen Mauern aus und kannst auf den Trümmern des Turms eine neue, freiere Welt für dich erschaffen, eine Welt mit weniger Illusionen und mehr echten Werten.

Modern Witch Tarot

Die Karte von Lisa Sterle sieht sogar noch schonungsloser aus als das Original im Waite-Tarot: In ihrer Illustration fallen die Herabstürzenden auf spitze Felsen und der Blitz schlägt erbarmungslos in den Turm ein.

In deinem Leben

Der Turm zeigt sich nicht unbedingt im Außen, aber auf jeden Fall in deinem Inneren. Kann sein, dass du bei einer schwierigen Entscheidung spürst, dass du sie nun treffen musst, auch wenn es dir unendlich schwerfällt, weil du Angst hast. Kann sein, in deinem Leben passiert etwas, das erfordert, dass du deine Lebensweise und -einstellung radikal änderst. Im Turm zu sein heißt, sich auf Veränderung einzustellen, und das kann sich überwältigend anfühlen. Aber nach dieser Veränderung wartet oft größere Freiheit – und auch das kannst du wahrscheinlich schon spüren.

Deine Selbstfürsorge-Praxis

In Zeiten des Umbruchs ist es unheimlich wichtig, dass du gut auf dich Acht gibst. Wir Menschen lieben Sicherheit, und manchmal ist es schwer, etwas zu verändern, selbst wenn wir es uns insgeheim gewünscht haben. In diesen Phasen ist es manchmal schon eine Herausforderung, die einfachste Selbstfürsorge aufrechtzuerhalten, wie genug Nährstoffreiches zu essen, kurz an die frische Luft zu gehen und dir etwas Zeit für dich zu nehmen. Dabei tun Routinen gerade in diesen Zeiten so gut, weil sie Sicherheit geben. Sorge so gut wie möglich für dich und du wirst schneller die Chance dieser Karte erkennen!

XVII DER STERN

»Look at the stars. See their beauty. And in that beauty, see yourself.«
(Draya Mooney)

Stichworte:
Heilung, Hoffnung, Glaube

Der Stern ist ein wunderbares Zeichen in jedem Reading! Immer, wenn ich ihn sehe, geht mir das Herz auf, denn er steht für tiefe Heilung und Hoffnung. Was ist mit Heilung gemeint? Es ist inzwischen bekannt, dass jeder Mensch Erlebnisse hatte, die ihn auf mehr oder weniger schwere Weise verletzt haben. Nicht nur eindeutig traumatische Ereignisse prägen uns, sondern auch Phasen, in denen wir beispielsweise mit sehr viel Stress umgehen mussten, eine schmerzhafte Trennung erlebt haben oder ein geliebtes Haustier gestorben ist, haben Einfluss auf unser Wohlbefinden und Selbstbild.

Mit dem Stern werden wir daran erinnert, dass es immer möglich ist, zu heilen. Er ist das Zeichen für Hoffnung und Aufbruch, die sich im großen Leitstern und den kleineren Sternen drumherum widerspiegeln. Das Wasser steht für die Lebenskraft, die in uns erst versiegt, wenn wir sterben. Bis dahin gibt es immer etwas zu träumen, zu hoffen und zu erleben. Daran können wir uns auch in dunklen Phasen unseres Lebens orientieren – und in hellen Phasen erkennen, dass wir auf dem richtigen Weg sind.

Modern Witch Tarot

Lisa Sterle hat die Vorlage des Waite-Tarots bis auf die Haarfarbe der Sternenfee nicht wesentlich verändert. Lediglich der Vogel ist bei ihr eindeutig als Reiher erkennbar. In vielen Kulturen wird dem Reiher eine symbolische Kraft zugeschrieben. So galt er im alten Ägypten als Lebenspender und Erneuerer, was wunderschön zur gesamten Aussage der Karte passt.

In deinem Leben

Der Stern kann dir Hoffnung schenken, wenn du gerade eine schwere Zeit durchgemacht hast. Vielleicht war bei dir eine Menge los, es hat viel in dir gearbeitet oder du hast etwas Einschneidendes erlebt. Mit dieser Karte darfst du neue Hoffnung schöpfen und sie ist ein gutes Omen dafür, dass Heilung für dich möglich ist und du auf dem Weg dorthin bist.

Deine Selbstfürsorge-Praxis

Du darfst deinem Nervensystem jetzt etwas Ruhe gönnen! Versuche zum Beispiel weniger online zu sein und unternimm etwas, das dich runterbringt und beruhigt: Vielleicht ein langer Spaziergang im Wald, eine Massage nur für dich oder du machst bei einem Klangschalen-Soundbath mit. Egal, was es ist, dein Fokus liegt jetzt weniger auf Austausch mit anderen, sondern mehr bei dir und deinem seelischen Wohlbefinden.

XVIII DER MOND

»Solange Unbewusstes nicht bewusst gemacht wird, lenkt es dein Leben und du nennst es Schicksal.« (Carl Jung)

Stichworte:
Selbsterkenntnis, Schattenarbeit, Wildheit

Mit dem Mond wirst du dazu ermutigt, dich deinen verborgenen Anteilen zu widmen und ganz ehrlich zu dir zu sein. Nach außen hin wollen wir immer strahlend wirken, als ob wir alles im Griff hätten, uns ja keine Blöße geben. Dabei ist nichts unrealistischer als das: Alle Menschen haben ihre Schattenseiten. Und die bekommen ihre Macht erst dadurch, dass wir sie verbergen und uns nicht damit beschäftigen: Dann können sie nämlich unser Leben prägen, weil sie unbewusst unser Handeln beeinflussen. Auf der Karte werden diese verborgenen Anteile durch den Krebs dargestellt, der an Land kriecht und sich bemerkbar macht, und durch den Hund und den Wolf, die für Urinstinkte stehen.

Mit dem Mond bekommst du eine mächtige Unterstützung zur Seite: Du wirst darin bestärkt, dich zu reflektieren und ehrlich hinzusehen. Dadurch, dass du dich selbst verstehst, kannst du eine neue Wildheit in dir entdecken. Du wirst freier, denn du handelst weniger unbewusst, sondern erkennst, was dein Tun antreibt und was dich bewegt. Wenn du dich frei machst von Glaubenssätzen und Schamgefühl, kann in dir eine ganz neue Wildheit entstehen!

Modern Witch Tarot

Im Modern Witch Tarot werden die Freiheit und Wildheit, die durch die Arbeit mit dem Mond entstehen, noch eindeutiger durch die zwei nackten Frauen mit den Wolfsmasken dargestellt, die scheinbar den Mond anheulen. Sind sie aus dem Wasser hervorgestiegen wie der Schatten, der sich gerade daraus erhebt? Sie zeigen dir das Potenzial, das in dieser Karte steckt: Dich selbst zu befreien und wilder zu werden!

In deinem Leben

Was hält deine innere Wildheit zurück? Nach welchen unbewussten Glaubenssätzen lebst du? Was tust du, um anderen zu gefallen, das dir gar nicht entspricht? Das sind die Fragen, die du in der Arbeit mit dem Mond stellen kannst. Die Antworten darauf haben das Potenzial, dir ein freieres, unbeschwerteres Leben zu zeigen, indem du weniger auf die anderen und mehr auf dich selbst hörst. Yay!

Deine Selbstfürsorge-Praxis

Sich mit den eigenen Schattenseiten zu beschäftigen, fühlt sich erstmal nicht unbedingt angenehm an. Lieber wollen wir uns daran vorbeimogeln und direkt happy sein! Aber erst wenn du dir bewusst machst, was dein Unterbewusstsein prägt, kannst du dein Handeln aufrichtig anpassen. Nimm dir also die Zeit, ehrlich hinzuschauen. Wenn du eine vertraute Person findest, mit der du deine tiefen Geheimnisse und Überzeugungen teilen kannst, hilft dir das, weniger Scham zu empfinden. Das ist auch gar nicht nötig, denn alles, was du glaubst und tust, ist zutiefst menschlich! Und dann lass deine wilde Seite raus: Tanz nackt im Mondschein, dreh den Bass auf, feiere dich!

XIX DIE SONNE

»The sunshine on your face, warm enough to make your heart sing.«
(Sarah Ockler)

Stichworte:
Lebensfreude, Klarheit, Selbstverwirklichung

Mit der Sonne lädst du mehr Lebensfreude und Klarheit in dein Leben ein. Sie bringt den hellen Tag, der auf die Schatten der Nacht und des Mondes folgt, und lädt dich ein, ihre Strahlen auf der Haut zu genießen. Das nackte, fröhliche Kind, der unschuldig-weiße Schimmel, die kräftig wachsenden Sonnenblumen: Alle Symbole deuten auf eine Wiedergeburt und einen neuen, leichten Anfang hin. Über allem strahlt die Sonne leuchtend-gelb und nimmt fast die Hälfte des Bildes ein. Mit ihr kommen neues Bewusstsein und neue Klarheit in dein Leben.

Die Sonne ist eine Karte, die ersehnten Wandel bringt. Die Klarheit, die mit ihr kommt, kann jedoch auch herausfordernd sein, denn manchmal bringt sie Dinge ans Licht, bei denen man sich vielleicht gewünscht hätte, dass sie verborgen bleiben. Sie fordert dich dazu auf, nicht nur bewusst zu sein, sondern dein neues Bewusstsein auch in Handlung zu verwandeln.

Die Sonne ist dein Kraftspender für Wachstum und Weiterentwicklung und motiviert dich, in deine volle Größe zu kommen. Dabei ist es völlig okay, wenn das Wachstum so langsam vonstattengeht wie bei einer Pflanze, die mit ihrem Trieb langsam aus der Erde drängt. Wichtig ist, dass etwas passiert und du dich weiterentwickelst.

Modern Witch Tarot

Lisa Sterle hat dem kleinen Kind ein weißes Kleid angezogen, passend zum Schimmel, auf dem es reitet. Auch bei ihr schwenkt es eine kräftig rote Fahne, Zeichen für seine Lebenskraft, ist umgeben von Sonnenblumen und die Sonne strahlt über der Szene. Im Lachen des Kindes spiegelt sich die Lebensfreude der Karte deutlich wider.

In deinem Leben

Einmal durchatmen, bitte! Die Sonne ist dein Zeichen dafür, dass du aus einer Phase der Unsicherheit heraustrittst und neuen Durchblick hast. Diese Klarheit kannst du jetzt genießen. Sie erfordert aber auch, dass du ins Handeln kommst und Taten folgen lässt. Du weißt, wie es mit deiner unglücklichen Beziehung weitergehen soll oder welcher Job der richtige für dich ist? Dann musst du jetzt Konsequenzen ziehen. Das darfst du ganz langsam und in deinem Tempo tun – und dir immer wieder bewusst machen, dass Wachstumsschmerzen okay sind, denn später wirst du die Lebensfreude dieser Karte spüren und umso stolzer auf dich sein, wenn du etwas verändert hast.

Deine Selbstfürsorge-Praxis

Wenn du die Leichtigkeit der Sonne spürst, darfst du dieses Gefühl jetzt einfach genießen! Erlaube dir, das gute Gefühl an dich heranzulassen und lade Unbeschwertheit ein. Wie kannst du das Leben heute feiern, vielleicht mit Musik, einem Treffen mit Freunden oder Zeit für dich? Falls du etwas verändern möchtest und dabei ein bisschen überwältigt bist, sei ganz besonders nett zu dir und gönn dir Auszeiten für dich. Das gilt auch dann, wenn die Veränderung etwas ist, was du dir sehnlich wünschst, denn auch das kann für dein Unterbewusstsein herausfordernd sein!

XX GERICHT

»Jenseits von richtig und falsch gibt es einen Ort. Hier können wir einander begegnen.« (Rumi)

Stichworte:
(Selbst-)verurteilung, Vergebung, Annahme

Wieder eine Karte, die ganz schön herausfordernd aussieht! Die Darstellung des Jüngsten Gerichts kann auf den ersten Blick einschüchternd wirken. Was will uns diese Karte sagen? Sie zeigt einen imposanten Erzengel Gabriel mit roten Flügeln, der ernsthaft blickend in eine große Posaune bläst. Unter ihm erheben sich die Toten aus ihren Särgen. Was erstmal gruselig aussieht, bringt eine schöne Botschaft mit sich: Die Karte zeigt die Szene, in der der Erzengel Gabriel die Auferstehung und damit die Erlösung des menschlichen Leidens bringt. Sie zeigt die ultimative Befreiung, das Vergeben von all dem, was wir getan haben. Mit dieser Karte gibt es nichts mehr zu erreichen, nichts mehr zu verändern: Alles was ist, darf anerkannt werden. Die Karte steht für die absolute Annahme von allem, was da ist. Sie erlaubt dir, ganz du selbst zu sein und zu sehen, dass du dich für nichts verurteilen musst. Dir wird vergeben.

Modern Witch Tarot

Im Modern Witch Deck sieht der weibliche Engel in der Mitte der Karte noch einladender aus als im Waite-Tarot: Statt in eine Posaune zu blasen, hat sie die linke Hand nach vorne gestreckt, die rechte sieht fast aus, als ob sie die Menschen damit segnen wollte. Ihr gelbes Gewand und das weiße Tuch mit dem roten Kreuz umwehen ihren Körper. Auch bei Lisa Sterle erheben sich die nackten Menschen und strecken die Arme nach dem Engel aus.

In deinem Leben

Die meisten von uns haben gelernt, ganz schön streng mit sich ins Gericht zu gehen. Vielleicht hast du auch eine innere Kritikerin in dir, die alles streng bewertet und jeden vermeintlichen Fehler mit Selbstvorwürfen straft. »Ich bin so doof, dass ich das gemacht habe«, sagst du dann zu dir und ärgerst dich darüber, dass es dir so schwerfällt, dich zu ändern. Diese strengen Urteile haben wir oft von unserem Umfeld übernommen, und mit dieser Karte darfst du milder mit dir sein! Manchmal kann die Karte auch bedeuten, dass wir zu streng gegenüber anderen sind. Kannst du hier ansetzen und deine Mitmenschen mit mehr Mitgefühl betrachten? Mit der Zeit entwickelst du so auch mehr Mitgefühl für dich selbst.

Deine Selbstfürsorge-Praxis

Mach dir bewusst, dass du in jedem Moment dein Bestes gibst und es deshalb verdient hast, Mitgefühl und Vergebung für dich selbst zu entwickeln. Dein Bestes bedeutet dabei nicht, dass du aus deiner Leistung das Beste gemacht hast, sondern dass du so gehandelt hast, wie du es zu diesem Zeitpunkt eben am besten wusstest – sogar, wenn sich später etwas als Fehler herausstellt. Du hast es sowas von verdient, dir diese Anerkennung zu geben.

XXI DIE WELT

»Everything turns in circles and spirals with the cosmic heart until infinity.« (Suzy Kazeem)

Stichworte:
Vollendeter Zyklus, Selbstzufriedenheit

Mit der Karte Die Welt hast du das Ende der Großen Arkana erreicht. Sie steht für den Abschluss eines Zyklus, in dem du gewachsen bist und viel erreicht hast. Diese Vollendung eines Zyklus wird durch allerhand Symbole unterstrichen: Die Ellipse aus Lorbeer zeigt den Erfolg und den vollendeten Kreis an, die vier Köpfe in den Ecken stehen für die Verbindung aller Elemente zu einem großen Ganzen.

In der nackten, tanzenden Frau darfst du selbst dich wiederfinden: Sie zeigt dir, wie du dich jetzt fühlen darfst! Unbeschwert und leicht tanzt sie auf dem Bild, ihre Stimmung widergespiegelt in dem Schal, der sie locker umweht. Dir liegt die ganze Welt zu Füßen, genieße diesen Moment! Und dann mach dich auf ins nächste Abenteuer, das schon irgendwo auf dich wartet.

Modern Witch Tarot

Im Modern Witch Tarot sehen wir statt vier Köpfe die Symbole von vier Sternzeichen für die vier Elemente: Von oben links im Uhrzeigersinn steht der Skorpion für Wasser, der Löwe für Feuer, der Stier für Erde und der Wassermann für das Element Luft. Die Unendlichkeitszeichen zeigen dir, dass die menschliche Reise immer weiter geht, von einem Zyklus zum nächsten, bis ans Ende unserer Tage.

In deinem Leben

Du bist am Ende eines Zyklus angelangt und vielleicht steht dir nun wirklich eine große Veränderung bevor: Du bekommst dein erstes Kind, du schreibst dein erstes Buch (so wie ich gerade) oder du beendest eine Ausbildung. Vielleicht hast du aber auch »nur« ein inneres Ziel erreicht oder spürst, dass sich in dir etwas gewandelt hat. Die Welt sagt dir jedenfalls, dass du nun eine große Wandlung vollzogen und ein großes Ziel erreicht hast, angekommen bist.

Deine Selbstfürsorge-Praxis

Nun ist es Zeit, zurückzuschauen und zu integrieren, was du gelernt hast! Ganz oft nehmen wir unsere Erfolge nicht wahr und hetzen weiter zum nächsten Ziel, immer nach vorne orientiert, immer auf die nächste Veränderung aus. Dabei ist es so wichtig, innezuhalten und wahrzunehmen, was sich verändert hat. Vielleicht kann dir dabei ein kleines Ritual helfen? Du könntest dich beispielsweise hinsetzen und in den Dialog mit dir darüber gehen, was passiert ist, wie du daran gewachsen bist und was du gelernt hast. So schaffst du Raum dafür, dass danach etwas Neues kommen darf!

KLEINE ARKANA

KURZE ÜBERSICHT DER KLEINEN ARKANA

Symbol	Element	Um dich mit dieser Energie zu verbinden, arbeite mit …	Leitfrage
Stäbe	Feuer	deiner inneren Leidenschaft, Kreativität, deinem Selbstausdruck	Was will ich erschaffen?
Schwerter	Luft	deinem Atem, deiner Kommunikation und Neugier	Was will ich erkunden?
Kelche	Wasser	deinen Gefühlen, Wasser, deiner Intuition und Spiritualität	Was will ich fühlen?
Münzen	Erde	deinem Körper, Bewegung, Routinen, sinnlichen Erfahrungen	Was will ich festigen?

DIE REIHE DER STÄBE

Selbstfürsorge mit den Stäben

Mit den Stäben zu arbeiten heißt, mit dem Element Feuer zu arbeiten, das für deine Leidenschaft, deine Herzensthemen, deinen Selbstausdruck und deine Kreativität steht. Wenn du viele Stäbe in einem Reading aufdeckst, wirst du dazu ermutigt, dich mit deinem Herzen zu verbinden und herauszufinden, was dich antreibt und dir Energie gibt. Arbeite mit den Hofkarten der Stäbe, um dein inneres Feuer zu entfachen und am Leben zu erhalten. Erlaube dir, dich auszuleben, und vertraue darauf, dass dein Herz dir den richtigen Weg zeigt.

ASS DER STÄBE

Stichworte: Neuanfang, Leidenschaft, Kreativität

Das Ass der Stäbe ist eine aufregende Karte, denn sie zeigt einen Neuanfang und spannende Möglichkeiten, die auf dich warten. Die Hand aus dem Himmel reicht dir einen Stab voller Potenzial und Chancen auf neue Entfaltung. Die Stäbe bringen das Element Feuer mit sich und damit deine Leidenschaft, deine Kreativität, deinen (Selbst-)Ausdruck. Diese Karte zeigt eine Phase an, in der sich viele Optionen ergeben und neue Triebe sprießen dürfen.

Modern Witch Tarot

Spannenderweise hat Lisa Sterle statt der rechten die linke Hand gewählt, um den Stab zu überreichen. Statt den Stab fest zu greifen, umschließt die Hand mit den spitzen Fingernägeln ihn fast wie einen Zauberstab. Hier schwingt ein bisschen Magie mit!

In deinem Leben

Es liegt ein Neuanfang in der Luft, yeah! In dir erwacht alles zu neuem Leben. Du spürst, wie deine Kreativität, deine Lebensfreude und Energie zu dir zurückkommen und in dir eine unbändige Lust wächst, (wieder) mehr für deine Themen loszugehen und Veränderung anzustoßen. Egal, was es ist, folge deiner inneren Flamme und halte sie am Leben. Sie ist es, die dich dahin führt, wo deine nächste Veränderung, deine nächste Herausforderung auf dich warten. Wenn du jetzt auf deine Intuition hörst und dir erlaubst, deinen Impulsen zu folgen, kannst du etwas unglaublich Kraftvolles erschaffen.

Deine Selbstfürsorge-Praxis

Nimm dir einen Moment Zeit, in deinen Herzraum hineinzuspüren. Welche Flamme fühlst du dort? Wenn du deine Lust auf kreativen Ausdruck ernst nimmst und ihr nachgibst, wird sich etwas in dir verändern, denn du gibst dieser Energie den Raum, sich zu entfalten. Also versuche, rationale, einengende Gedanken loszuwerden (streiche »Ich kann das nicht«) und erlaube dir, dein inneres Feuer zu entfachen und etwas Neues zu starten.

ZWEI DER STÄBE

Stichworte: Ausblick, Abenteuerlust, Neubeginn

Mit der Karte Zwei der Stäbe beginnt eine Reise, die unglaublich viel Potenzial hat. Die Weltkugel in der Hand des Mannes, sein Blick in die Ferne signalisieren, dass ihm Wege und Eroberungen offenstehen, die nicht jede*r erfahren darf. Die Karte zeigt den Moment, bevor die Entscheidung getroffen wird, den glitzernden, verheißungsvollen Augenblick, in dem die ganze Welt dir zu Füßen liegt. Wohin führt dich die Reise?

Modern Witch Tarot

Im Modern Witch Deck hat eine elegant gekleidete Frau mit Turban den Mann in der roten Robe ersetzt, die statt einer Weltkugel ein Handy in der Hand hält. Klar, heutzutage ersetzen digitale Karten und Pläne unsere Weltkugeln! Auch sie steht auf einem Balkon hoch über einer Stadt und blickt aufs weite Meer hinaus, unseren Blick mitnehmend in die Ferne.

In deinem Leben

Vor dir liegt ein Abenteuer! Du wirst dabei unterstützt, Neues zu wagen und aufzubrechen zu bisher unbekannten Ufern. Die Zwei der Stäbe zeigen dir, dass du deine Kreativität und dein inneres Feuer nutzen darfst, dass du dir selbst zeigen darfst, dass du es Wert bist, für deine Träume loszugehen. Sie zeigen eine aufregende Phase an, zum Beispiel, bevor du ein neues Studium beginnst, umziehst, deine Selbstständigkeit startest oder dein erstes Kind bekommst. Genieße diese Zeit der Freiheit und Ungewissheit, in der alles möglich erscheint.

Deine Selbstfürsorge-Praxis

Du darfst dir jetzt noch mehr erlauben, dem nachzugehen, was sich für dich gut anfühlt. Erlaube dir, groß zu träumen und verrückte Pläne zu schmieden, auch wenn das bedeutet, aus den Gedankenmustern auszubrechen, die für dich und dein Umfeld normal sind. Was wartet hinter deinem gewohnten Horizont auf dich?

DREI DER STÄBE

Stichworte: Eroberung, Fortschritt

Mit der Karte Drei der Stäbe hast du dich bereits auf die Reise gemacht und ein Stück deines Weges zurückgelegt. Die ersten Erfahrungen sind gesammelt, dein Selbstbewusstsein ist größer geworden und du weißt jetzt, was du kannst. Die Rückenfigur schaut hoffnungsvoll auf das Land vor ihr, bereit, weiterzugehen und neues, unbekanntes Gebiet zu erobern. Du kannst jetzt deinen eigenen Fußabdruck auf der Welt hinterlassen.

Modern Witch Tarot

Im Modern Witch Tarot trägt die Rückenfigur ein Kleid. Kleine Schiffe schwimmen auf dem Wasser vor ihr und betonen die neugierig-kreative Seite dieser Karte. Wenn man sich aufmacht, die Welt zu erobern, darf auch ein bisschen Spiel und Mut zum Ausprobieren dabei sein.

In deinem Leben

Die Karte Drei der Stäbe zeigt dir, dass du auf dem richtigen Weg bist. Vielleicht bist du dabei, in einem neuen Projekt Fuß zu fassen oder hast dich anderweitig bewährt und neues Selbstbewusstsein gewonnen. Darauf kannst du jetzt stolz sein und dieses Wissen um deine eigene Stärke nutzen, um die nächsten Schritte zu gehen!

Deine Selbstfürsorge-Praxis

Es geht nun darum, deine Motivation und deine Kreativität hochzuhalten. Spür mal in dich hinein, was dir gerade guttut, um mit deinem inneren Feuer in Kontakt zu kommen und zu bleiben. Vielleicht brauchst du Bewegung, Tanzen, Yoga? Vielleicht eine kleine Journaling-Session, in der du dir nochmal vor Augen führst, was du alles Tolles in diese Welt bringst? Wähle etwas, das sich für dich gut anfühlt und dir Spaß macht!

VIER DER STÄBE

Stichworte: Innehalten, Feiern, Gemeinsamkeit

Leichtigkeit und Freude umgeben die Vier der Stäbe. Du siehst auf dem Bild, dass gefeiert wird, die Stäbe sind mit Blumenranken geschmückt und zwei fröhliche Menschen halten ihre Sträuße vor einer Burg in die Höhe. Ausgelassen und voll Freude werfen sie ihre Arme in die Höhe. Die Burg zeigt dir, dass schon eine vertraute und sichere Basis geschaffen wurde, du die ersten Etappen einer besonderen Reise hinter dich gebracht hast. Mit den Vier der Stäben kehrt eine kleine Atempause ein, in der du das wahrnehmen darfst, was du erschaffen hast.

Modern Witch Tarot

Lisa Sterle zeigt die zwei Personen vor der Skyline einer Stadt. Spannenderweise erinnert die Szene bei ihr an eine Hochzeit, zeigt also noch mal, dass es um einen größeren oder kleineren Meilenstein im Leben geht. Bei ihr ist das Paar alleine zu sehen, während im Waite-Tarot noch andere Personen angedeutet sind.

In deinem Leben

Mit der Karte Vier der Stäbe wird dir bewusst, dass du schon einiges erreicht hast. Deine Erfahrung hat dich hierher gebracht und du bist dabei, deinen Weg zu gehen und die Welt zu erobern. Du hast einen wichtigen Meilenstein erreicht und darfst das jetzt anerkennen. Und das ist wichtig: Oft rennen wir ja von einem Projekt zum nächsten, ohne uns wirklich die Anerkennung für das zu geben, was wir geleistet haben. Dabei wartet nicht mit der nächsten Errungenschaft das Glück auf uns, sondern es liegt ganz oft an uns, den Moment, in dem alles gut ist, auch tatsächlich wahrzunehmen und anzuerkennen. Die Karte der Vier der Stäbe fordert dich dazu auf, genau das zu tun.

Deine Selbstfürsorge-Praxis

Ganz egal, was gerade in der Welt allgemein und in deiner kleinen Welt im Speziellen abgeht – mit dieser Karte hast du die Erlaubnis, deine

Erfolge anzuerkennen, mal durchzuatmen und etwas mehr Leichtigkeit und Freude einzuladen. Ausgelassen tanzen, kindisch miteinander herumalbern, ausschlafen und Frühstück mit Hund im Bett – Was auch immer dir gerade ein Gefühl von Freude gibt, go for it!

FÜNF DER STÄBE

Stichworte: Abwehrhaltung, Konflikt, Auseinandersetzung

Die Fünf als Mitte der Reihe stellt immer einen Wendepunkt da und zeigt eine Zeit an, in der du dich veränderst. Diese Veränderung geht mit Widerstand einher, den du hier durch die Szene der kämpfenden Personen dargestellt siehst. Es liegt eine hitzige Energie in der Luft, und auch wenn nicht klar ist, mit wie viel Ernsthaftigkeit die Stäbe gegeneinander erhoben werden, zeigt die Karte doch, dass die Gefühle in Aufruhr sind.

Modern Witch Tarot

In Anbetracht der Tatsache, dass dieses Buch während der Corona-Pandemie fertig geschrieben wurde, ist diese Karte ganz schön witzig, denn Lisa Sterle hat zwei der Personen schicke Masken verpasst. Ihre kämpfenden Frauen sind eine Hommage an weibliche Samurai-Kriegerinnen, die kraftvoll und geschickt ihre Waffen gegeneinander richten. Female Empowerment at its best!

In deinem Leben

Du fühlst dich vielleicht schneller angegriffen und in deinen Werten verletzt als sonst und hast das Gefühl, dich verteidigen zu müssen. Wenn das so ist, erinnere dich daran, dass dein Umfeld es meistens nicht böse mit dir meint, sondern nur aus seinem eigenen, beschränkten Horizont heraus handelt. Auch wenn es No-Gos gibt (Rassismus, Sexismus, aus Trotz keine Maske in der Corona-Pandemie tragen und damit andere Menschen gefährden), so hilft es doch, sich vor Augen zu führen, dass wir alle viel mehr gemeinsam haben, als getrennt zu sein. Wo kannst du dich den anderen gegenüber öffnen, anstatt in Abwehrhaltung zu gehen?

Deine Selbstfürsorge-Praxis

Wenn du dich zur Zeit angegriffen fühlst, atme erstmal tief durch. Frag dich, ob du wirklich angegangen wirst oder es auch einfach sein könnte, dass bei dir noch andere Dinge los sind, die deinen Blick trüben und dich empfindsamer machen? Wie könntest du die Situation noch einordnen? Bevor du reagierst, atme tief durch und sammle dich kurz, wenn das möglich ist. Dieser kurze Moment schenkt dir den Raum, dir deine Reaktion zu überlegen. Und wenn das nicht klappt: Lass Dampf ab, erkenne deine Wut an! Und anschließend geht es leichter wieder weiter.

SECHS DER STÄBE

Stichworte: Erfolg, Sieg, den Moment genießen

In der Momentaufnahme der Karte der Sechs der Stäbe ist gerade alles gut und es zählt nur das berauschende Glücksgefühl des Augenblicks. Ein Herold, Überbringer guter Nachrichten, sitzt hoch zu Ross, auf seinem und den Köpfen seiner Gefährten sind Lorbeerkränze als Zeichen des Sieges und Erfolgs. Auch der Stab in der Hand des Mannes ist geschmückt und die Stimmung der Karte ist ausgelassen. Es darf gefeiert werden!

Modern Witch Tarot

Lisa Sterle hat den Herold zu einer cool gekleideten Frau gemacht, die ihr Gesicht selbstbewusst dem Betrachter zuwendet. Ihre auffällige Kleidung, die Leojacke, die zerrissene Hose und die High Heels spiegeln ihren Stolz auf sich selbst wider! Ihr Ohrring mit dem V steht für das

Wort Victory, also Sieg, und zeigt, wie sie ihren Erfolg stolz vor sich her trägt.

In deinem Leben

Mit den Sechs der Stäbe darfst du den Moment feiern – du hast einen wichtigen Meilenstein erreicht und darfst das Gefühl des Erfolgs so richtig genießen! Mach die Augen auf und erkenne an, welche großartigen Dinge du bereits erreicht hast. Ja, du, genauso unperfekt und großartig, wie du bist!

Deine Selbstfürsorge-Praxis

Die Sechs der Stäbe fragen nach deiner Aufmerksamkeit, denn sie wollen, dass du den gegenwärtigen Moment wahrnimmst. Entscheide dich bewusst dafür, dir klar zu machen, wo du gerade stehst und auf was du stolz sein kannst, auch wenn deine erste Reaktion ist, dass es da nichts gibt. Glaube mir, die Karte hat Recht – wo kannst du Beweise dafür finden? Welchen Sieg kannst du gerade feiern?

SIEBEN DER STÄBE

Stichworte: Selbstverteidigung, Dickköpfigkeit

Ein einsamer Mann steht in der Mitte der Karte, sein Körper ist uns offen zugewandt und sein Stab vor der Brust schützt diese Angriffsfläche. Die sechs anderen Stäbe sind vor ihm aufgereiht, als ob er angegriffen würde. Sein Gesicht sieht verbissen und ernst aus, er ist entschlossen, sich zu verteidigen.

Modern Witch Tarot

Bei Lisa Sterle ist der Gesichtsausdruck noch eindeutiger. Wütend blickt die Frau im kurzen schwarzen Rock ihre Angreifer*innen an, voller Entschlossenheit, für sich einzustehen und die anderen Stäbe abzuwehren.

In deinem Leben

Du bist gerade damit beschäftigt, dein Territorium zu verteidigen. Das Thema »Grenzen setzen« ist gerade hochaktuell für dich, und du hast vielleicht das Gefühl, dich verteidigen zu müssen. Sei es, weil du tatsächlich deutlicher in deiner Abgrenzung sein darfst oder weil dein Stresspegel gerade so hoch ist, dass dein Temperament manchmal mit dir durchgeht. Wichtig ist jetzt, dass du integer zu dir stehst und dich ehrlich fragst, ob dein Verhalten angemessen ist. Wenn die Antwort »Ja« lautet, go for it!

Deine Selbstfürsorge-Praxis

Boundaries – ein wichtiges Konzept in der Selbstfürsorge, was dich und dein Umfeld, aber auch, was deine eigenen Grenzen angeht. Du darfst jetzt zu dir stehen und ein klares »Nein« zu Dingen und Menschen sagen, die deine Grenzen übertreten. Das macht dich übrigens nicht zu einer unsympathischen Person, sondern strahlt Stärke aus. Wer deine Grenzen nicht respektiert, hat vorher davon profitiert, dass sie nicht da waren. Das kannst du hinter dir lassen. Das kann übrigens auch für dich selbst gelten: Wo brauchst du vielleicht stärkere Grenzen und Regeln für deinen Alltag, damit du dich wohlfühlst?

ACHT DER STÄBE

Stichworte: Schnelligkeit, Flow, Manifestation

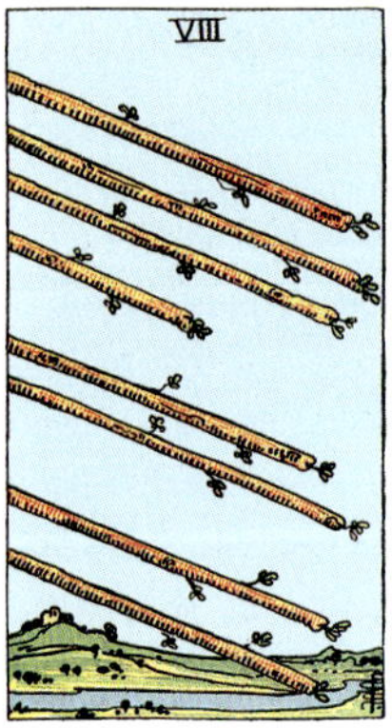

Die acht Stäbe fliegen durch die Luft, reißen dich mit ihrer Energie mit. Du darfst dich auf den Flow einlassen und deiner Kreativität und Leidenschaft freien Lauf lassen! Es geht jetzt darum, nicht zu grübeln oder zu zögern, sondern einfach zu machen. Damit tun wir Menschen uns oftmals schwer, wenn wir beispielsweise versuchen, »perfekt« zu handeln. Manchmal stehen wir uns selbst dann im Weg. Doch bei der Karte der Acht der Stäbe geht es darum, den Impulsen zu folgen und sich selbst nicht zu bremsen oder bremsen zu lassen. Du darfst dich darauf einlassen und beobachten, wie die Dinge alle an ihren Platz fallen, wenn du es geschehen lässt.

Modern Witch Tarot

Im Modern Witch Tarot ergänzt ein Motorrad das Bild und unterstützt die Botschaft, dass es um schnelle Aktion und Bewegung geht. Du bist unterwegs auf deinem Weg, du setzt Dinge schnell um und kannst dich darauf verlassen, dass dein Gefährt dich trägt.

In deinem Leben

Du darfst dich jetzt darauf einlassen, dich vom Fluss deines Lebens tragen zu lassen! Jetzt ist nicht Kontrolle, sondern Vertrauen angesagt: Spiel mit dem Gedanken, dass alles zu deinen Gunsten geschieht, wenn du deiner Energie und deinen Impulsen folgst. Du bist jetzt in der Lage, Dinge schnell umzusetzen und zu manifestieren. Yeah!

Deine Selbstfürsorge-Praxis

Wenn das Leben Fahrt aufnimmt und wir viel umsetzen, ist es essentiell, seine Routinen beizubehalten und für sich zu sorgen. Überlege dir, was für dich existenziell wichtig ist, damit du bei dir und in deiner Energie bleibst. Denk an deine Grundbedürfnisse, wie ausreichend zu trinken, zu schlafen und dir Zeit für Entspannung zu nehmen. Das ist wichtig, damit du nicht ausbrennst.

NEUN DER STÄBE

Stichworte: Durchhaltevermögen, Anerkennung deiner selbst

Uff, die Neun der Stäbe machen erstmal einen anstrengenden Eindruck, so mürrisch wie das Gesicht des Mannes aussieht, der einen der Stäbe in der Hand hält, während hinter ihm die anderen acht Stäbe aufgereiht sind. Die Bandage um seinen Kopf deutet darauf hin, dass er sich verletzt hat, und daher kommt vielleicht auch seine Erschöpfung. Du kannst dich selbst in der Rolle dieses Mannes spiegeln und darfst anerkennen, dass du eine anstrengende Phase durchlebst. Gib dir ganz viel Anerkennung dafür, dass du so lange durchgehalten hast, und gib jetzt nicht auf!

Modern Witch Tarot

Im Modern Witch Tarot sehen wir statt des Mannes eine Frau im Sport-Outfit, die aussieht wie eine Mannschaftssportlerin, die mit den Stäben ein Spiel bestreitet. Neben der Bandage um den Kopf hat sie auch welche um ihre Hände gewickelt, als ob sie sich schützen wolle. Ihre Kleidung unterstreicht die Hingabe, mit der sie für ihre Stäbe kämpft, wie eine Sportlerin, deren einziges Ziel es ist, erfolgreich zu siegen. Sie zeigt, dass sie sich für ihre Leidenschaften einsetzt – total ermutigend!

In deinem Leben

Vielleicht gestehst du dir deine eigenen Gefühle nicht gern ein und spielst es herunter, wenn etwas für dich anstrengend ist. Schließlich willst du stark sein! Und stark bist du auch, sonst wärst du nicht bis hierher gekommen, trotz aller Hürden und Widerstände, die es zu überwinden gab. Du kannst stolz darauf sein, was du leistest, und dir trotzdem Anerkennung dafür geben, dass es herausfordernd ist und du vielleicht sogar die ein oder andere Verletzung davongetragen hast.

Deine Selbstfürsorge-Praxis

Mit dieser Karte wirst du dazu aufgefordert, dranzubleiben und nicht aufzugeben, aber gleichzeitig liebevoll zu dir zu sein. Erinnere dich, welche Stäbe, also welche Herzensthemen es sind, für die du deine Blessuren in Kauf nimmst. Spüre in dich hinein, was du gerade brauchst, um diese herausfordernde Zeit gut zu meistern. Wie kannst du gerade deine beste Freundin sein und dich selbst verarzten und umsorgen? So gestärkt bleibst du leichter an deinen Projekten dran.

ZEHN DER STÄBE

Stichworte: Priorisieren, nach Unterstützung fragen, Loslassen

Uff, die Darstellung der Figur auf dieser Karte ist so eindringlich, dass ich unweigerlich die Schultern hochziehe, wenn ich sie sehe. Vornübergebeugt hält sie ihre zehn Stäbe fest, mit ganzem Fokus darauf bedacht, nichts fallen zu lassen. Ihr Blick ist von den Stäben verstellt, sodass sie nicht sieht, dass vor ihr die Zivilisation liegt und damit die Aussicht, etwas von ihrer Last abzugeben.

Modern Witch Tarot

Auch bei Lisa Sterle ist der Kopf der Frau tief in den Stäben vergraben, sie sieht nichts außer ihre Aufgaben. Ihr Outfit mit dem knielangen Rock, der Bluse und dem Haarreif sieht ein bisschen altmodisch aus und zeigt vielleicht, dass sie aus einer Zeit stammt, in der noch mehr als heute erwartet wurde, dass weiblich gelesene Personen sich um alles kümmern und alles organisieren.

In deinem Leben

Die Karte zeigt, dass deine mentale Belastung gerade hoch ist. Der sogenannte *Mental Load* ist eine Belastung für Frauen in klassischen heterosexuellen Beziehungen, wenn du immer für Terminabsprachen, Haushalt und Organisation zuständig bist. Aber auch wenn du keine Familie hast, zeigt diese Karte an, dass es gerade ganz schön viel ist. Du darfst nun deinen Stolz beiseiteschieben und nach Unterstützung fragen, Dinge priorisieren und auch mal was fallen lassen, wenn es einfach nicht mehr geht.

Deine Selbstfürsorge-Praxis

Nach Hilfe zu fragen, fällt vielen von uns unglaublich schwer, denn niemand will als schwach dastehen. Ich wünsche mir eine Welt, in der es okay ist, schwach zu sein, und diese Utopie fängt bei uns selbst an. Bitte öffne dich für Unterstützung, wenn du sie brauchst. Wir Menschen sind dafür geschaffen, uns gegenseitig zu helfen, nur die moderne Lebensweise spiegelt das nicht mehr wider. Es heißt nicht umsonst: »It takes a village to raise a child.« Egal, ob es sich bei dir um Kinder oder um dein erstes Buch handelt, lass dir unter die Arme greifen und verteile deine Stäbe an dein Umfeld. Und kein schlechtes Gewissen, bitte!

PAGE DER STÄBE

Stichworte: Kreative Neugier, Neuanfang, Offenheit

Der Page der Stäbe steht selbstversunken da und betrachtet neugierig die Triebe seines Stabes. Als jüngste Hofkarte verkörpert er eine kindliche, offene Energie und zeigt einen Neubeginn, mit dem du dich mehr den Themen widmest, die dein Feuer entfachen. Dieses Feuer spiegelt sich in der roten Feder seines Hutes wider, im Salamander-Muster seines Gewands und in der Wüste, in der er steht.

Modern Witch Tarot

Bei Lisa Sterle steht der weiblich-aussehende Page mit einem kurzen Latzkleid und weißen Sneakers in der Wüste. Statt einer Feder weht ihr rotes Haarband in der Luft und die Triebe des Stabes sehen aus wie kleine Flammen. Andächtig schaut sie auf ihren Stab.

In deinem Leben

Diese Karte ist wie ein kleiner Neuanfang, mit dem du etwas wiederentdecken darfst, was dein Herz zum Leuchten bringt und deine Kreativität entfacht. Vielleicht hast du in der letzten Zeit zu viel gegrübelt oder dir Sorgen gemacht und darfst das nun hinter dir lassen. Da warten neue, spannende Projekte und Pläne auf dich, wenn du dir erlaubst, dich spielerisch mit deiner Leidenschaft zu verbinden. Lass deine mentalen Grenzen hinter dir und geh auf Entdeckungsreise!

Deine Selbstfürsorge-Praxis

Frag dich, was macht dich an, was entzündet dein inneres Feuer, was weckt deine Leidenschaft? Es ist Zeit, dir zu erlauben, dein Wesen anders auszudrücken und neue Wege zu gehen. Und dieser Weg beginnt in dir. Gib dir den Raum, groß zu träumen und deine Lust zu erforschen. Das kann sexuell oder kreativ sein, Hauptsache, du gibst dir den Raum, etwas auszuprobieren.

RITTER DER STÄBE

Stichworte: Selbstausdruck, Umsetzungsstärke

RITTER DER STÄBE

RITTER der STÄBE

Bäm, bäm, Feuer frei! Das ist das initiale Gefühl, das der Ritter der Stäbe in mir auslöst. Er prescht auf seinem Pferd voran, den Stab mutig und forsch erhoben. Die kleine Feder des Pagen ist bei ihm zu einer lodernden Flamme geworden. Dieser Ritter verschwendet seine Kraft nicht mit Grübelei – er bringt Dinge in Bewegung. Er weiß, dass es ihn glücklich und zufrieden macht, seinem inneren Feuer zu folgen, und dass es wichtiger ist, dem eigenen Herzen zu folgen, als von allen gemocht zu werden.

Modern Witch Tarot

Ist es ein Ritter oder eine Ritterin? Oder keins von beidem? Das ist auch völlig egal, denn die Person strahlt einfach nur unglaubliche Energie aus! Mit entschlossenem Gesichtsausdruck treibt sie ihr Pferd an, um sich auf den Weg zu ihrem Selbstausdruck zu machen.

In deinem Leben

Welche Herzensprojekte warten darauf, dass du sie (wieder-)belebst? Wo zögerst du noch, weil du nicht genau weißt, ob du es tun sollst, wo hältst du dich selbst zurück, weil du nicht sicher bist, ob du einen Unterschied machen kannst? Das sind berechtigte Fragen, aber hier geht es nicht darum, erst perfekt in etwas sein zu müssen, um es zu tun. Du darfst dich schon jetzt mit deiner Kreativität verbinden und sie ausleben.

Deine Selbstfürsorge-Praxis

Es ist jetzt ganz wichtig, dass du dir erlaubst, deiner Leidenschaft nachzugehen und deinen Kopf auszuschalten, wenn er kritisch dazwischenfunken will. Mach dir bewusst, dass es nicht immer darum geht, etwas gut oder perfekt zu machen. Deine kreative Energie ist eine Kraft, die gelebt werden muss, sonst wirst du unzufrieden. Es geht bei deinen kreativen Projekten und Plänen um dich und deine Erfüllung! Nicht darum, etwas zu erreichen oder besonders gut zu machen.

KÖNIGIN DER STÄBE

Stichworte: Selbstbewusstsein, Attitüde, Feuer

Die Königin der Stäbe ist der Boost für dein Selbstbewusstsein und Selbstwertgefühl. Als sogenannte »Hexe« des Tarot vereint sie die Elemente Wasser (als Königin) und Feuer (die Reihe der Stäbe). Damit zeigt sie dir, dass auch in dir magische Fähigkeiten schlummern und alles, was du anfasst, ganz besonders wird, eben weil nur du deine einzigartige Handschrift trägst. Die schwarze Katze zu ihren Füßen unterstreicht ihre magische Seite, die Löwen und die Sonnenblume zeigen ihre Stärke und Strahlkraft.

Modern Witch Tarot

Im Modern Witch Tarot ist die Leidenschaft der Königin noch eindeutiger dargestellt durch die Flammen, die aus ihrem Stab lodern. Sie ist die Herrscherin über das Element Feuer! Ihr Blick ist eindringlich und scheint direkt in deine Seele zu schauen. Anders als im Waite-Tarot sitzt sie nicht breitbeinig und raum-einnehmend da, sondern schlägt die Beine übereinander. Dafür blitzt frech ein Stück Bauch unter ihrem Pulli heraus und auch ihr Dekolleté ist zu sehen. Dadurch, genau wie durch die Schuhe und den Rock, wird die sexy Seite dieser Königin betont. Allerdings macht nicht das Outfit sie sexy, sondern ihre selbstbewusste, starke Ausstrahlung.

In deinem Leben

Wenn du die Königin der Stäbe ziehst, ermutigt sie dich, diese lebenslustige, selbstbewusste Seite in dir selbst zu entdecken und auszuleben. Es ist nicht die Zeit, dich klein zu machen oder zu bescheiden zu sein aus Angst, jemanden zu verschrecken. Du darfst auf deine Fähigkeiten vertrauen und mutig das umsetzen, was deine Leidenschaft und Kreativität weckt. Lass dein Licht strahlen, du darfst das!

Deine Selbstfürsorge-Praxis

Deine Selbstfürsorge wird durch die Königin der Stäbe ganz besonders betont. Für sie steht ihr eigenes Wohlergehen an höchster Stelle, denn sie ist sich dessen bewusst, dass sie nur in ihrer Kraft ist, wenn es ihr gutgeht. Dieses Vorbild kannst du für dich im Alltag nutzen: Geh so oft wie möglich mit aufrechter Haltung und klarem Blick durch die Wohnung, den Supermarkt oder das Büro. Führ dir dabei die Königin der Stäbe vor Augen und stell dir vor, dass du genauso selbstbewusst bist wie sie. Und dann leb es, Baby!

KÖNIG DER STÄBE

Stichworte: Selbstbewusstsein, Stolz, Erfolg

Stolz und selbstbewusst sitzt der König der Stäbe auf seinem von Feuersalamandern geschmückten Thron. Anders als die Königin der Stäbe sitzt er nicht frontal zum Betrachter, sondern zeigt seine linke Körperseite und sein Profil. Voller Entschlossenheit hält er seinen Stab und sieht in die Weite. Er unterstützt dich dabei, dein Ding zu machen und deine Träume wahr werden zu lassen. Sein Blick sagt: Obwohl er bereits König ist, ist sein Weg noch nicht zu Ende, er hat noch Großes vor! The sky is the limit, wenn dich dieser König begleiten darf.

Modern Witch Tarot

Im Modern Witch Tarot zeigt der Anzug mit Krawatte an, dass es sich hier um einen König handelt.

Entschlossen blickt er links aus der Karte hinaus, die eine Hand zur Faust geballt, die andere hält den Stab. Salamander und Löwe schmücken seinen Thron und die Krone sitzt lässig auf den kurzen Haaren.

In deinem Leben

Unbequeme Wahrheit: Egal, wie sehr du dich verbiegst, es werden dich nie alle mögen. Und das ist auch gar nicht nötig! Mit dem König der Stäbe darfst du dich frei machen von diesem Anspruch. Du wirst jetzt aufgefordert, zu dir zu stehen und dir darüber klar zu werden, dass du es nicht allen recht machen kannst, aber dir selbst. Und das ist das Wichtigste am Ende des Tages. Mach dein eigenes Ding und polarisiere – manche werden dich dann nicht mögen, aber andere werden dich umso mehr lieben. Und um die geht es, das ist deine Unterstützung, deine Community.

Deine Selbstfürsorge-Praxis

Der König der Stäbe gibt dir einen wunderbaren Schubser hin zu dir selbst. Du bist stark, kreativ und wunderbar, und daran darfst du glauben. Wenn du etwas anpackst, wird es sicher nicht perfekt, denn perfekt gibt's nicht, aber wenn du dein Herzblut reinsteckst, wird das auf jeden Fall zu sehen sein – und dadurch ist es anziehend für andere.

DIE REIHE DER SCHWERTER

Selbstfürsorge mit den Schwertern

Mit den Schwertern zu arbeiten heißt, mit dem Element Luft zu arbeiten, das für deine Inspiration, deine Neugier, deine Kommunikation, deine verbalen und schriftlichen Grenzen, aber auch für all den Mindfuck steht, den wir Menschen so kennen. Wenn du viele Schwerter in einem Reading aufdeckst, wirst du dazu ermutigt, dich mit deinem Mindset und deiner Art, dich sprachlich zu positionieren, zu beschäftigen. Arbeite mit den Hofkarten der Schwerter, um mehr für deine Werte einzustehen, deine Glaubenssätze hinter dir zu lassen und neue Kommunikationswege für dich zu entdecken.

ASS DER SCHWERTER

Stichworte: Neuanfang, Klarheit, Inspiration

Als erste Karte der Reihe bringt dir das Ass der Schwerter einen Neubeginn für deine Fähigkeit, Dinge klar zu sehen und zu kommunizieren. Dabei wirst du von den äußeren Umständen unterstützt, das zeigt die Hand an, die dir aus dem Nichts das Schwert reicht. Now is the time! Alle Zeichen stehen gut dafür, mehr zu dir zu stehen und deine Werte und Überzeugungen nach außen zu kommunizieren. Die Krone zeigt dir, dass du auf dem Weg zu höchsten Erkenntnissen bist. Das Ass der Schwerter ist eine Karte voller Potenzial, das darauf wartet, von dir genutzt zu werden.

Modern Witch Tarot

Auch hier zeigt das Ass der Schwerter die grundsätzliche Symbolik, lediglich die Krone fehlt. Das Schwert scheint bei Lisa Sterle durch Nebel zu schneiden – wie Gedanken, die manchmal unser Denken vernebeln und nun geklärt werden.

In deinem Leben

Mit dem Ass der Schwerter fühlst du dich klarer und entschlossener, deine Meinung und deine Werte nach außen zu tragen. Diese Karte erscheint vielleicht nach einer Zeit, in der du viel für dich geklärt hast und jetzt mehr nach außen trittst. Vielleicht hast du Lust, einen Blog zu starten, einen Podcast zu entwickeln oder dir auf andere Weise Gehör zu verschaffen?

Deine Selbstfürsorge-Praxis

Für viele Menschen ist klare Kommunikation eine Herausforderung, weil sie fürchten, andere damit vor den Kopf zu stoßen. Mach dir bewusst, dass es ein Zeichen von Selbstliebe ist, wenn du für deine Bedürfnisse einstehst, denn dadurch zeigst du dir, dass dir dein Wohlergehen wichtiger ist als der Komfort deines Gegenübers. Wenn du fürchtest, andere vor den Kopf zu stoßen, kannst du dich z. B. mit gewaltfreier Kommunikation auseinandersetzen und dadurch sicherstellen, dass du liebevoll kommunizierst.

ZWEI DER SCHWERTER

Stichworte: Radikaler Rückzug, Unsicherheit, Innenschau

Zwei Schwerter, die mit überkreuzten Armen vor der Brust gehalten werden, und eine Augenbinde, die die Figur noch mehr von der Welt abschottet – alle Zeichen auf Abwehr! Die Karte der Zwei der Schwerter zeigt den totalen Rückzug in sich selbst an, hin zum eigenen Unterbewusstsein und der Intuition, dargestellt durch das Meer und den Mond. Dieser Rückzug ist notwendig, um sich klarer darüber zu werden, was die eigenen Wünsche und Bedürfnisse sind und wo man sich vielleicht an andere anpasst, obwohl es einem nicht guttut.

Modern Witch Tarot

Im Modern Witch-Deck setzt Lisa Sterle sogar noch einen oben drauf: Nicht nur die Arme, sondern auch die Beine sind verschränkt und zeigen dadurch noch mehr, dass die Figur sich abschottet und in sich selbst zurückzieht.

In deinem Leben

Du spürst vielleicht gerade, dass du wirklich eine Pause davon brauchst, dass alle in deinem Umfeld etwas von dir wollen und ihre Wünsche und Bedürfnisse an dich herantragen. Dabei brauchst du kein schlechtes Gewissen haben, auch nicht, wenn du zum Beispiel Kinder oder andere Menschen um dich hast, die deine Aufmerksamkeit einfordern. Du sehnst dich jetzt nach Stille, in der du zur Ruhe kommen und deine eigenen Gedanken und Gefühle wieder wahrnehmen kannst. Du erkennst, dass deine Bedürfnisse genauso wichtig sind wie die der anderen.

Deine Selbstfürsorge-Praxis

Der wichtigste Schritt bei dieser Karte ist, dass du dir dein Ruhebedürfnis erlaubst – und dir zugestehst, dass das ein total normales Gefühl ist. Wir leben in einer Welt, in der Reizüberflutung nicht die Ausnahme, sondern die Norm ist, und seit 2010 die ersten Smartphones auf den Markt kamen, ist es noch schlimmer geworden. Doch du darfst dich aus dem Trubel jetzt mal zurückziehen: Geh offline, verschieb deine Termine, such einen Babysitter und gib dir Raum für Stille. So kommst du dir selbst näher und wirst dir über deine Bedürfnisse und das, was du brauchst, bewusster.

DREI DER SCHWERTER

Stichworte: Selbstschutz, Herzschmerz

Die Drei der Schwerter ist eine der Karten, die ich am liebsten manchmal wieder in den Stapel zurückschieben würde, wenn ich sie sehe. Damit tu ich ihr natürlich unrecht, was der krassen Bildsprache geschuldet ist: Das blutrote Herz wird von drei Schwertern durchbohrt, im Hintergrund ein wolkenverhangener, grauer Himmel, an dem es auch noch zu regnen scheint: Die ganze Karte strahlt eine düstere Stimmung aus.

Modern Witch Tarot

Im Modern Witch-Deck sieht das Herz sogar noch dramatischer aus: Dicke, schwarze Blutstropfen quellen aus ihm heraus, die grauen Wolken rahmen es theatralisch ein. Das schwarze Blut ist natürlich nicht naturgetreu, macht das Bild aber noch ausdrucksstärker, weil es im Kontrast zum roten Herz steht. Lisa Sterle hat den Schmerz des Bildes noch mehr herausgearbeitet.

In deinem Leben

Ist die Karte Drei der Schwerter ein Omen dafür, dass dir dein Herz gebrochen wird? Natürlich nicht! So eine einfache Deutung wird keiner Karte gerecht und romantische Liebe ist nur ein Aspekt des menschlichen Lebens (auch wenn Disneyfilme uns etwas anderes erzählt haben). Das verletzte Herz zeigt dir, dass du gerade besonders auf dich achten sollst: Es geht nun darum, dein Herz und deine Seele vor Verletzungen zu schützen, sei es im Job, in deinen Freundschaften, der Familie oder eben in der Liebe.

Deine Selbstfürsorge-Praxis

Mit der Karte Drei der Schwerter ist es wichtig, dass du ehrlich zu dir bist: Fühlst du dich geliebt und unterstützt von denen, die dir wichtig sind? Bekommst du die Liebe und den Halt, den du verdient hast? Klar gibt es Auseinandersetzungen und Reibereien, aber für jede Beziehung, ob romantisch oder nicht, ist es wichtig, sich emotional sicher zu fühlen. Schau hin, ob du diese Sicherheit bekommst, und falls nein: Musst du vielleicht an dieser Stelle eine Grenze ziehen?

VIER DER SCHWERTER

Stichworte: Ruhe, Pause, Integration

Ausgebremst! So sieht die Karte mit dem liegenden Ritter in Totenhaltung aus, neben ihm drei Schwerter, deren Spitzen auf ihn zeigen, und das vierte Schwert längs seiner Bahre. Die drei Schwerter brachten Erkenntnisse, die nun verarbeitet werden müssen. Das bunte Fenster zeigt die Andächtigkeit der Szene und die Ruhe und Meditation, die damit einhergehen können. Aber diese Pause kann auch herausfordernd sein, wenn wir uns nicht erlauben können oder zugestehen, dass wir Rückzug brauchen.

Modern Witch Tarot

Bei Lisa Sterles Deck fällt auf, dass alle vier Schwerter über der Frau hängen, die mit einer Geste der Erschöpfung die Hand zum Gesicht erhebt. Mit der Decke über sich sieht sie aus, als ob ein Migräneanfall sie ausgebremst hat. Von Entspannung ist bei ihr nicht viel zu sehen, sie scheint Schmerzen zu haben. Der helle Himmel wirkt ermutigend, unterstreicht durch den Kontrast der fröhlichen Wolken aber auch die Herausforderung der Situation.

In deinem Leben

Manchmal wünschen wir uns nichts sehnlicher als eine Pause, können oder wollen es uns aber nicht erlauben, mal innezuhalten – und manchmal bremst uns unser Körper dann aus. Ob es tatsächlich nicht möglich ist, langsamer zu machen, oder wir es uns nur nicht zugestehen, das macht fast keinen Unterschied. Als Spiegel zeigt dir diese Karte, dass du dich nun ohne schlechtes Gewissen rausziehen darfst, soweit möglich. Du brauchst jetzt den Raum, alles zu verarbeiten und zu integrieren, was in der letzten Zeit bei dir so los war.

Deine Selbstfürsorge-Praxis

Zieh dich zurück und verschaffe dir den Raum, mal in Ruhe durchzuatmen. Falls das nicht in großem Stil möglich ist, weil du durch Job, deine Familie oder andere Verpflichtungen sehr eingespannt bist, baue dir bewusste kleine Pausen ein, in denen du wenige

Minuten achtsam wahrnimmst, was du tust, ohne dich abzulenken. Das bedeutet konkret, Zeit ohne Smartphone und dafür in vollem Bewusstsein. Pause und Integration kann schon eine 5-minütige Teepause ohne Ablenkung sein. Aber: Mit dieser Karte kann auch professionelle Hilfe ins Spiel kommen – vielleicht brauchst du mehr Unterstützung als nur ein wenig Zeit für dich. Therapieangebote oder ähnliches in Anspruch zu nehmen, ist auch Selbstfürsorge.

FÜNF DER SCHWERTER

Stichworte: Auseinandersetzung, Verteidigung, Anspannung

Die Fünf der Schwerter zeigt die Szene nach einem Kampf: Der Mann im Vordergrund hat offensichtlich die Schwerter der anderen errungen und schaut grinsend zu den Verlierern, die abgewandt dastehen. Drei der Schwerter hält er in der Hand, die anderen zwei liegen unbeachtet am Boden. Dynamische Wolken erstrecken sich über den Himmel und zeigen die Aufgewühltheit der Situation.

Modern Witch Tarot

Lisa Sterle hat den Figuren coolere Outfits gegeben, sonst aber die Bildsprache des Waite-Tarot übernommen. Statt einer Wasserfläche erstrecken sich hinter den Beteiligten Bergspitzen am Horizont.

In deinem Leben

Die Fünf der Schwerter zeigen eine Phase an, in der du das Gefühl hast, dich mental durchsetzen und kämpfen zu müssen. Du fühlst dich angespannt und bist dir nicht sicher, ob dein Umfeld dir wohlgesonnen ist. Musst du dich wirklich verteidigen oder ist es nur eine Vermutung, die du aufgrund bisheriger Erfahrungen hast? Es liegt an dir, diese Entscheidung zu treffen.

Deine Selbstfürsorge-Praxis

Bevor du in den Verteidigungsmodus gehst, halte inne und gib dir einen Moment Zeit, um durchzuatmen. Unsere initiale Reaktion kann oft zu heftig ausfallen, und es gibt dir selbst mehr Sicherheit, dich erstmal kurz zu sammeln und zu überlegen, wie du reagieren willst. Dieser kleine Moment zwischen Aktion und Reaktion kann dir helfen, zwischen tatsächlichem Angriff und Drama zu unterscheiden.

SECHS DER SCHWERTER

Stichworte: Veränderung, Vertrauen

Ein Fährmann bringt seine zwei vermummten Fahrgäste mit den sechs Schwertern ans andere Ufer. Die Szene vereint das Gefühl von Geborgenheit durch den sicheren Fährmann, zeigt aber auch die Ungewissheit durch die offene Wasserfläche und die Tatsache, dass man die Fahrgäste nicht erkennen kann.

Modern Witch Tarot

Bei Lisa Sterle sehen sich Fährfrau und Fahrgast ähnlicher, der Kontrast fällt hier weniger krass aus, was die Szene freundlicher macht. Statt komplett verhüllt zu sein, fallen lange Haare über die Schultern des Fahrgasts und sie sitzt alleine da. Das nimmt das Fluchtartige der Szene des Waite-Tarot fort.

In deinem Leben

Vielleicht stehen bei dir gerade Veränderungen an, die dir Sorge bereiten. Das kann ein neuer Job bedeuten, ein Umzug oder eine mentale Transformation, die von dir erfordert, dass du deine Denkmuster änderst und dich dadurch herausfordert. Vertrauen ins Leben ist ein großes Thema für die meisten Menschen, und genau darum geht es. Du musst dich auf diese Veränderung einlassen, und wenn du es schaffst, auf das Beste zu vertrauen, wirst du leichter damit zurechtkommen.

Deine Selbstfürsorge-Praxis

Vertrauen ist eine Entscheidung, und dieser Gedanke kann dir dabei helfen, mehr Vertrauen ins Leben zu entwickeln. Wenn du spürst, dass dir deine Ängste und Sorgen zu schaffen machen, sage dir bewusst, dass du dich fürs Vertrauen entscheidest. Wenn du das immer wieder übst, lernst du, dir weniger Sorgen zu machen und entspannter durchs Leben zu gehen. Das erfordert allerdings Zeit und Geduld – und auch hier gilt, wenn du alleine nicht weiterkommst, kannst du dir Unterstützung durch professionelle Hilfe suchen.

SIEBEN DER SCHWERTER

Stichworte: Unentschlossenheit, Zweifel

Bei dieser Karte fällt sofort die seltsam-verdrehte Körperhaltung des Mannes auf, der sich mit fünf Schwertern wegzuschleichen scheint, seine Beine geradeaus gehend, sein Blick jedoch nach hinten gerichtet. Bei diesem Bild bekomme ich direkt Nackenschmerzen! Die Zelte und das Lagerfeuer deuten an, dass sich der Dieb aus einer ihm vertrauten Umgebung wegschleicht.

Modern Witch Tarot

Im Modern Witch Tarot fällt direkt wieder das schicke Outfit der Frau auf, die sich mit den Schwertern aus der Szene entfernt. Ihre verspielte, auffällige Kleidung steht im Kontrast zu ihrem Verhalten. Ihr Blick ist nicht so selbstsicher und verstohlen wie der Blick des Diebes im Waite-Tarot, sie schaut unsicher.

In deinem Leben

Bist du ein schlechter Mensch, wenn du diese Karte aufdeckst? Aber nein! Die Karte zeigt an, dass du gerade unsicher bist, wie deine nächsten Schritte aussehen sollen. Bist du auf dem richtigen Weg? Soll das alles so sein? Dein Leben erfordert gerade von dir, weiterzumachen und Entscheidungen zu treffen, ohne die absolute Sicherheit zu haben, das etwas gut gehen wird. Und das ist ein wichtiges Learning: Auch ohne zu wissen, wie der Weg aussehen wird, kannst du in Aktion treten. Komm ins Handeln, auch ohne die Gewissheit, wie es für dich ausgeht.

Deine Selbstfürsorge-Praxis

Action is the antidote to fear! Es geht jetzt darum, dass du ins Handeln kommst und trotz Zweifeln und Unsicherheit deinen Weg gehst. Du kannst nach vorne gehen, obwohl dein Blick noch in die Vergangenheit geht und obwohl du den Weg vor dir nicht ganz überblicken kannst. Dadurch erlaubst du dir, Möglichkeiten zu entdecken, die du vorher noch gar nicht abschätzen konntest, und gibst dem Leben die Chance, dich positiv zu überraschen. Yay!

ACHT DER SCHWERTER

Stichworte: Einschränkung, mentale Grenzen, Blockade

Gefesselt und mit einer Augenbinde vermummt steht die Person in der Mitte der Acht der Schwerter. Unfähig, sich zu bewegen, verharrt sie regungslos und kommt weder vorwärts noch rückwärts aus ihrer Situation heraus. Hinter ihr ragt ein Berg mit einer Burg darauf in die Höhe, wurde sie vielleicht daraus verstoßen? Der schlammige Boden unter ihren Füßen spiegelt die unangenehme Situation wider.

Modern Witch Tarot

Im Modern Witch Deck steht die Gefangene mit beiden Füßen direkt in einer Pfütze. Die Burg hinter ihr fehlt, aber ihre Silhouette vor dem grauen Himmel wirkt ebenso bedrückend und einsam.

In deinem Leben

Die Acht der Schwerter zeigt sich oft, wenn du gerade an einem Punkt deines Lebens stehst, an dem du das Gefühl hast, weder ein noch aus zu wissen. Du musst eine Entscheidung treffen und etwas tun, aber du hast den Eindruck, alle Varianten durchdacht zu haben und keine davon ergibt für dich Sinn. Du siehst keinen Ausweg aus dieser Situation und hast das Gefühl, nicht mehr weiter zu wissen.

Deine Selbstfürsorge-Praxis

Raus aus dem Kopf, rein in den Körper – bring deinen Verstand zum Schweigen und mach eine klitzekleine Veränderung, die der Situation einen neuen Twist gibt. Stell dir vor, die Person auf der Karte ginge nur einen Schritt nach vorne, dann würde sich schon der Kreis der Schwerter lichten und sie könnte aus der Pfütze hinaustreten. Du denkst vielleicht, es gäbe keine Lösung, aber tatsächlich kannst du das erst wissen, wenn du in Aktion trittst, statt alle Lösungen durch Gedankenspiele finden zu wollen. Denn manche Dinge muss man erleben, um sie wirklich begreifen zu können, egal wie sehr wir vorher dachten, alles wissen und planen zu können. Also frag dich: Welchen kleinen Schritt kannst du gehen?

NEUN DER SCHWERTER

Stichworte: Sorgen, Unwohlsein, Mindfuck

Was für ein eindringliches Bild: Ein Mensch, aus dem Schlaf hochgeschreckt, beide Hände vors Gesicht geschlagen, sitzt vor einem pechschwarzen Hintergrund, vor dem sich neun große, silberne Schwerter abheben. Fast spürt man als Betrachter*in den Alptraum langsam schwinden, diese Übergangsphase zwischen Traum und Wachzustand, wenn der Geist dem wachen Körper noch hinterherhinkt und erst begreifen muss, dass es lediglich ein Traum war und nicht die Realität.

Modern Witch Tarot

Lisa Sterle hat die Szene genauso bedrückend dargestellt: Die alptraumgeplagte Frau sitzt vornübergebeugt da und hat das Gesicht in den Händen vergraben. Die Rosen und astrologischen Schutzsymbole des Waite-Tarot wurden durch ein fröhliches Blumenmuster ersetzt, aber auch das scheint nicht gegen den Schmerz geholfen zu haben: Auch hier hängen die neun Schwerter vor einem bedrohlich schwarzen Hintergrund.

In deinem Leben

Diese Karte kann eine Zeit anzeigen, in der du dich von deinen Sorgen, Ängsten und allem, was los ist, so belastet fühlst, dass du buchstäblich nicht mehr gut schlafen kannst. Dein Gehirn ist im Mindfuck-Modus und sieht gerade von allen Seiten Gefahren auf dich zukommen. Das kann eine Zeit sein, in der bei dir viel Veränderung passiert, was für dein Gehirn eine Bedrohung des sicheren Status quo bedeutet – und deshalb spielt es dir alle möglichen Horrorszenarien vor, damit du nichts veränderst. »Mag sein, dass man in der Komfortzone keine Magie erlebt, aber dort ist es wenigstens warm und sicher!«, sagst du dir, bewusst oder unbewusst. Aber ist das wirklich so?

Deine Selbstfürsorge-Praxis

Wenn es dir so geht wie der Person auf der Karte, können dir tatsächlich Methoden gegen Schlafstörungen helfen, weil sie für mehr innere Ruhe und Stabilität sorgen. Abends auf Bildschirme verzichten, regelmäßig ins Bett gehen, sich notieren, was alles im Kopf herumschwirrt und es dadurch loslassen – klingt simpel, ist aber so kraftvoll. Nimm dir bewusst Zeit, zur Ruhe zu kommen.
Und falls das nicht reicht: Teile dich deinem Umfeld mit oder hole dir professionelle Unterstützung.

ZEHN DER SCHWERTER

Stichworte: Ende, Einsicht, Aufgeben

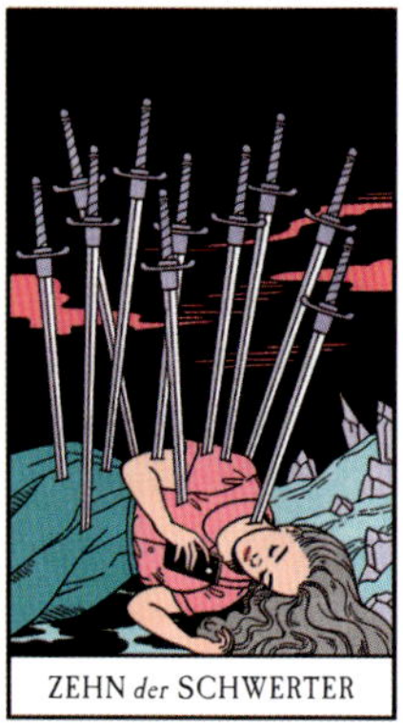

Niedergestreckt von zehn Schwertern liegt die Person auf dem Boden, ein rotes Tuch wie eine Blutlache über ihr ausgebreitet. Die kühlen Farben des Horizonts und der nachtschwarze Himmel zeigen die kompromisslose Atmosphäre der Szene. Ähnlich wie beim Tod zeigt diese Karte an, dass etwas unwiederbringlich zu Ende geht.

Modern Witch Tarot

Das ist eine ganz besondere Karte: Lisa Sterle zeichnete dieses Motiv, noch bevor sie plante, ein ganzes Deck daraus zu entwickeln. Auch ihre Protagonistin liegt niedergestreckt da, ein Schwert bohrt sich durch ihren Hals, hinter ihr ragen spitze Felsen in die Luft, der schwarze Himmel ist mit roten Wolkenfetzen verhangen. Doch statt auf dem Bauch zu liegen, lehnt sich die Frau zur Seite und betrachtet den Bildschirm ihres Handys. Diese Szene ist so eindrücklich, weil sie zeigt, wie eng verbunden wir inzwischen mit unseren Smartphones sind. Selbst in Momenten großen Schmerzes und Verlusts hängen wir noch am Bildschirm, sei es, um in der Verbindung mit Freunden Trost zu finden oder uns selbst wider besseren Wissens noch mehr Leid zuzufügen, indem wir uns in Scheinwelten anderer Menschen flüchten.

In deinem Leben

Du bist dabei, dich von Illusionen zu verabschieden, die dich lange begleitet haben, und wirst dazu aufgefordert, dich dem Schmerz, Verlust und der Veränderung zu stellen. Je nach Vorgeschichte kann sich das unmöglich anfühlen, und du hast vielleicht das Bedürfnis, dich in Konsum, Essen oder Online-Welten zu flüchten, die dir das Gefühl geben, der Situation zu entkommen. Mittel zu haben, um mit überwältigenden Gefühlen umzugehen, ist eine Überlebensstrategie, die im akuten Moment hilft, und an sich nichts Verwerfliches. Doch das verzögert die Verarbeitung der Gefühle nur, und irgendwann musst du dich stellen.

Deine Selbstfürsorge-Praxis

Es ist schwierig, Hinweise dafür zu geben, wie man mit Verlust und Veränderung umgehen kann, da das ein intimer, individueller Prozess ist. Hör in dich hinein, was du jetzt brauchst, und versuche, dabei so aufrichtig wie möglich mit dir zu sein.

PAGE DER SCHWERTER

Stichworte: Inspiration, Neugier, Kommunikation

Stolz und aufrecht steht der Page da, sein großes Schwert in die Luft erhoben, seine Haltung spielerisch-leicht zur Seite gedreht. Hinter ihm türmen sich Wolken auf, Vögel zieren den blauen Himmel und symbolisieren die vielen neugierigen Ideen, mit denen der Page loszieht, die Welt zu erobern. Alles scheint in Bewegung, man spürt förmlich den Wind, der die Haare des Pagen zerzaust und die Wolken über den Himmel treibt.

Modern Witch Tarot

Lisa Sterle vereint in den Farben der Kleidung die leichten, fröhlichen Sommerfarben des Luftelements. Im Blau und Rosa spiegeln sich der Himmel und die Landschaft wider. Auch die Haare ihres weiblichen Pagen wehen dynamisch im Wind, das Schwert streckt sie mutig in die Luft.

In deinem Leben

Der Page der Schwerter bringt einen kleinen Neuanfang im Bereich Kommunikation, der dich dabei unterstützt, dich neugierig und offen neuen Wegen des Selbstausdrucks zu nähern. Du möchtest jetzt deine Stimme in die Welt hinaustragen und dafür mehr und mehr von deiner Geschichte und deinem Wissen teilen. Mit dem Mut des jungen Pagen im Rücken kannst du neue Wege entdecken, dich mitzuteilen, indem du beispielsweise anfängst, einen Blog zu schreiben, einen Podcast zu starten oder einfach mehr von dir zu erzählen und dich zu öffnen.

Deine Selbstfürsorge

Wenn du dabei bist, neue Ausdrucksmöglichkeiten für dich zu entdecken, darfst du dabei den Perfektionismus hinter dir lassen. Stell dir den jungen Pagen vor, der zum ersten Mal das große Schwert in der Hand hält. Natürlich weiß er nicht, wie er perfekt damit umgehen muss, das lernt er ja gerade erst. Mit diesem verständnisvollen und mitfühlenden Blick darfst du dich selbst betrachten: Was du Neues beginnst, kannst du noch gar nicht perfekt machen, aber es ist eine riesengroße Chance, durch Umsetzung dazuzulernen. Welchen Selbstausdruck möchtest du mit diesem Mindset für dich entdecken?

RITTER DER SCHWERTER

Stichworte: Umsetzung, Schnelligkeit

Ungestüm prescht der Ritter mit seinem Pferd nach vorne, scheint es im Galopp, fast schon fliegend, durch die Landschaft zu hetzen. Alle Ritter haben ihr Pferd als Gefährten dabei, doch der Ritter der Schwerter bewegt sich am schnellsten vorwärts. Er will Dinge umsetzen und vorankommen, bloß nicht stehen bleiben. Die zerrissenen Wolken und der windgepeitschte Baum im Hintergrund zeigen die Kompromisslosigkeit seiner Bewegung. Für ihn scheint es keine Alternative zu geben.

Modern Witch Tarot

Lisa Sterle hat das Tempo etwas herausgenommen: Ihr Ritter der Schwerter ist zwar auch schnell unterwegs, aber man sieht, dass das Pferd einen Schritt vor den anderen setzt. Ihr Ritter ist nicht eindeutig männlich oder weiblich zu lesen und trägt statt eines Helms und einer Rüstung eine dynamische Frisur und eine Bomberjacke, in deren Tarnmuster sich die Form der Wolken widerspiegelt.

In deinem Leben

Der Ritter der Schwerter unterstützt dich dabei, aus der Planungs- und Überlegungsphase herauszutreten und Dinge umzusetzen. Mit ihm an deiner Seite kannst du ganz viel voranbringen und dich vom Flow tragen lassen. Du gehst total in deinen Projekten auf und fühlst dich sehr inspiriert von deiner eigenen Umsetzungsstärke. Das kann eine wunderschöne Phase sein, in der du aber auch ganz besonders auf deine eigenen und die Grenzen deines Umfelds achten darfst.

Deine Selbstfürsorge-Praxis

Erstmal darfst du diese Phase genießen und dich treiben lassen. Worauf du achten solltest: Wenn wir für etwas brennen und dabei sind, ganz viel Neues zu erschaffen, kann es sein, dass wir die achtsame Verbindung zu unserem Körper vergessen. Erde ist der Ausgleich zu Luft – wie kannst du dich erden? Mach dir bewusst, dass Pausen wichtig sind, um das Tempo über einen längeren Zeitraum aufrechterhalten zu können. Nimm dir bewusst Zeit, bei dir selbst einzuchecken, indem du dich regelmäßig fragst, was du gerade brauchst (Essen, Ruhe, Zuneigung?) und dir das zu geben. Genauso wichtig ist es, mit deinem Elan nicht über die Bedürfnisse der anderen hinwegzugehen. Erinnere dich daran, die anderen so zu behandeln, wie du selbst behandelt werden möchtest.

KÖNIGIN DER SCHWERTER

Stichworte: Werte kommunizieren, Grenzen setzen

Aufrecht und stolz sitzt die Königin auf ihrem Thron, ihr Profil und ihr großes Schwert zeichnen sich deutlich vor dem strahlend blauen Himmel ab. Ihre linke Hand ist erhoben und ein loses Band hängt von ihrem Arm herab. Sie hat sich von ihren gedanklichen Fesseln gelöst und gelernt, für sich einzustehen, ihre Werte und Grenzen nach außen zu kommunizieren.
Die Neugier und Verspieltheit des Luftelements begleiten sie und spiegeln sich in den Schmetterlingen und der Abbildung des Elementargeists Sylphe auf dem Sockel ihres Throns wider.

Modern Witch Tarot

Lisa Sterle hat der Königin der Schwerter ein besonders cooles Outfit gegeben: Ihr durchsichtiges, zartes Kleid verdeutlicht ihre Verspieltheit und Offenheit, zugleich zeigen ihre hohen Stiefel und die Corsage, dass sie ein echtes Badass ist. Ihr konzentrierter Blick unterstreicht das, und sie sieht aus wie eine Frau, die genau weiß, was sie kann und was sie will.

In deinem Leben

Wenn du als Frau sozialisiert wurdest, kennst du das bestimmt: Es wird von uns erwartet, dass wir bescheiden und stets darum bemüht sind, dass es allen um uns herum gut geht. Oft denken wir als Letztes an uns selbst. Aber nicht mit dieser Karte: Mit der Königin der Schwerter an deiner Seite fällt es dir leichter, für deine Grenzen einzustehen und dein eigenes Wohlergehen höher zu priorisieren.

Deine Selbstfürsorge-Praxis

Vorbei sind die Zeiten, in denen du die Frau im Hintergrund warst, die sich abgerackert hat, damit es allen gut geht. Deine Selbstfürsorge besteht jetzt darin, auszusprechen, wenn deine Grenzen erreicht sind. Falls du das nicht gewohnt bist, erfordert es ein bisschen Mut und Übung, doch je öfter du für dich einstehst, desto einfacher wird es. Und denk dran: Wer deine Grenzen nicht respektiert, hat vorher davon profitiert, dass sie nicht da waren.

KÖNIG DER SCHWERTER

Stichworte: Aktivismus, Transformation, visionär denken

Dieser König beherrscht unverkennbar das Element Luft: Sein strahlend blaues Gewand, das große Schwert, der Himmel hinter ihm, alles deutet auf die Freiheit und grenzenlose Weite des Geistes hin. Sein Thron erstreckt sich über die gesamte Länge des Bildes und er schaut uns mit offe-

KÖNIG DER SCHWERTER

KÖNIG *der* SCHWERTER

nem Blick in die Augen. Der Luftgeist Sylphe schmückt seine goldene Krone und die Schmetterlinge hinter ihm erinnern an die Neugier und Leichtigkeit des Elements Luft. Sein Schwert neigt sich leicht zur Seite und zeigt, dass er nicht an eine feste Meinung gebunden ist, sondern in der Lage, verschiedene Aspekte und Überlegungen in seine Entscheidungen mit einzubeziehen.

Modern Witch Tarot

Bei Lisa Sterle sind die Farben des Bildes noch leuchtender dargestellt. Sie lässt es offen, welches Geschlecht ihr König hat, gibt ihm durch den hellblauen Anzug den Anstrich von Macht und Souveränität. Der Himmel strahlt türkisblau über der Szene, die Schmetterlinge, heben sich deutlich vom Thron ab.

In deinem Leben

Der König der Schwerter ist an deiner Seite, um dich dabei zu unterstützen, für deine Werte loszugehen. Er ist der Visionär, der Aktivist, der an eine bessere Zukunft glaubt, und ermutigt dich, deine eigenen Überzeugungen klarer und eindrücklicher zu formulieren. Dabei wirst du unweigerlich polarisieren, denn je klarer wir uns positionieren, desto eher treten wir anderen dabei auf den Schlips.
Kann sein, dass das mit deinem Wunsch kollidiert, von allen gemocht zu werden, denn das ist nicht möglich, wenn du für deine Werte einstehst. Aber das ist auch total okay! Nicht mal Beyoncé wird von allen gemocht. Und Aktivist*innen wie Greta Thunberg oder Malala erst recht nicht. Aber dafür sind so viele andere unendlich dankbar für ihr Vorangehen. Wenn du dem König der Schwerter folgst, stehst du auf dieser Seite der Geschichte.

Deine Selbstfürsorge

Seine Meinung, Überzeugungen und Werte mit der Welt zu teilen, kann sich überwältigend anfühlen, besonders, wenn man es noch nicht gewohnt ist. Du machst dich verletzlich für Kritik, und das kann zu Überforderung führen. Auch hier ist es wichtig, dich immer wieder auf den Boden der Tatsachen zurückzuholen und dir nüchtern klarzumachen, wer dich unterstützt und wo dein Kopf dir nur deine Ängste vorspielt, damit du mit deiner Meinung hinterm Berg hältst. Mach dir deine eigene Stärke bewusst: Du kannst etwas verändern auf dieser Welt!

DIE REIHE DER KELCHE

Selbstfürsorge mit den Kelchen

Mit den Kelchen zu arbeiten heißt, mit dem Element Wasser zu arbeiten, das für deine Emotionen, deine unbewussten Themen, die Verbindung zu deiner inneren Stimme und deine (Selbst-)Liebe steht. Wenn du viele Kelche in einem Reading aufdeckst, wirst du dazu ermutigt, deine Intuition, Gefühlswelt und das Thema (Selbst-)Liebe zu erforschen. Arbeite mit den Hofkarten der Kelche, um mehr zu deinen Gefühlen zu stehen, dich mit deiner inneren Stimme zu verbinden und an deine Kraft zu glauben, durch Liebe Veränderung zu schaffen.

ASS DER KELCHE

Stichworte: Chance, Selbstliebe, Fülle

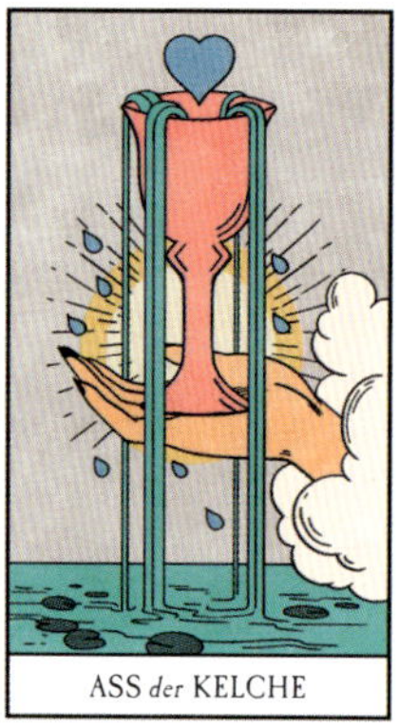

Ein überbordender Kelch, dessen Wasser in fünf feinen Strömen und unzähligen Tropfen nach unten läuft: Dein Kelch, deine Selbstliebe, ist mit dieser Karte voll! Auch dieses Ass zeigt eine Hand, die dir das Symbol dieser Reihe aus dem Himmel reicht und zeigt, dass es hier um eine Chance geht, die du für dich nutzen kannst. Es ist deine Chance, dich um dich selbst zu kümmern und deinen eigenen Kelch zu füllen, bevor du andere unterstützt. Die Seerosen zeigen, dass du dich erst durch den Schlamm deiner Erkenntnisse kämpfen musstest, um nun zu erkennen, dass es völlig okay ist, für dich selbst zu sorgen.

Modern Witch Tarot

Lisa Sterle hat die christliche Symbolik reduziert und die Hostie und Taube, die für den Heiligen Geist stehen, durch ein hellblaues Herz ersetzt, das aus dem Kelch emporzusteigen scheint. Hier geht es um Liebe – zu sich selbst und zu anderen! Hinter dem Kelch strahlt ein helles Licht und betont, dass es hier um eine neue Chance geht, deine Chance, für dich da zu sein.

In deinem Leben

Es gibt Phasen im Leben, da müssen wir viel für andere da sein, unsere Kinder oder Eltern versorgen, uns um die Bedürfnisse anderer kümmern und vergessen uns dabei manchmal selbst. Um wirklich gut für andere da zu sein, ist es aber auch wichtig, dass es dir gut geht. Es gibt das Sprichwort »You can't pour from an empty cup« und das Ass der Kelche zeigt dir, dass jetzt die Chance da ist, deinen eigenen Kelch aufzufüllen und innere Fülle wahrzunehmen, es ist dein Moment, bevor du deine Liebe weitergibst. Soweit du die Zeit und den Raum dafür hast, darfst du dich nun um dich selbst kümmern.

Deine Selbstfürsorge-Praxis

Wie kannst du gerade gut für dich sorgen, was brauchst du? Je nachdem, ob dein stressiger Alltag nur eine kleine, achtsame Pause oder einen Wellness-Urlaub erlaubt – bitte gönn dir, was dir guttut. Dabei darfst du dich von dem Gedanken verabschieden, egoistisch zu sein – sich um sich selbst zu kümmern, ist die Basis dafür, auch liebevoll für andere da sein zu können. Nutze jetzt die Zeit, denn das Ass der Kelche zeigt dir, dass gerade der richtige Moment dafür ist, dich um deine Erfülltheit zu kümmern.

ZWEI DER KELCHE

Stichworte: Austausch, Verbindung, Beziehung

Wie im Spiegel stehen sich zwei Menschen gegenüber, beide haben ihren Kelch erhoben und es wirkt, als ob sie miteinander anstoßen wollen. Sie begegnen sich auf Augenhöhe, sind gleichwertig und behandeln einander respektvoll. Der geflügelte Löwe schwebt über beiden Körpern und verbindet sie in ihren geteilten Leidenschaften. Der Stab aus zwei Schlangen zeigt, wie sich hier Gegensätze miteinander verbinden.

Modern Witch Tarot

Bei Lisa Sterle stehen sich zwei Frauen gegenüber, von denen eine ein weißes Kleid und die andere eine kurze Hose und Boots trägt. Obwohl ihre Kelche nicht auf derselben Höhe sind wie im Waite-Tarot, halten beide den Kelch in ihrer linken Hand und spiegeln sich so in ihren Bewegungen. Statt des Hauses sieht man im Hintergrund einen Leuchtturm, der vielleicht dafür steht, dass diese Freundschaft nach außen getragen wird.

In deinem Leben

Egal ob Liebesbeziehung, enge Freundschaft oder lustige Partyrunde – deine Beziehungen sind gerade besonders wichtig für dich. Egal, ob extrovertiert oder introvertiert, jeder Mensch braucht die Nähe und den Austausch mit anderen Menschen, das ist quasi eine Standardeinstellung bei der Spezie »Mensch«.

Deine Selbstfürsorge-Praxis

Wir alle brauchen echte Herzensverbindungen, damit es uns gut geht. Mit dieser Karte wirst du dazu ermutigt, dich zu öffnen und in Gesprächen deine Facetten strahlen und deine unperfekte Menschlichkeit durchscheinen zu lassen. Ist da vielleicht jemand, mit dem du mal wieder stundenlang telefonieren oder dem du eine Postkarte schicken möchtest? Wenn du dich zeigst, erlaubst du dem anderen, sich in dir zu erkennen und auch zu zeigen. Dadurch schaffst du echte Verbindung und füllst dein Leben mit mehr Nähe, Austausch und Liebe.

DREI DER KELCHE

Stichworte: Freude, Freundschaft, Siege feiern

Ich liebe diese Karte! Sie strahlt pures Vergnügen und Leichtigkeit aus und steht mit den drei abgebildeten Frauen auch für das besondere Band, das zwischen Freund*innen entstehen kann. Hier gibt es keinen Neid oder Eifersucht, sondern geteiltes Glück und Freude für die anderen. Das Ziel ist erreicht, die Ernte, die bunten Früchte und das frische Gemüse, wurde eingeholt, jetzt wird angestoßen und gefeiert.

Modern Witch Tarot

Noch genialer ist die Karte bei Lisa Sterle dargestellt: Ihre drei Frauen feiern das Leben auf einem Festival!

Ob im durchsichtigen Netzkleidchen oder mit Baseballkappe und College-Jacke, jede ist für sich herausgeputzt und alle drei stoßen enthusiastisch mit ihren Bechern in der Luft an. Hier braucht es keinen äußeren Anlass, zusammen Zeit verbringen zu können, ist schon Anlass genug, sich zu freuen und zu feiern!

In deinem Leben

Mit dieser Karte wirst du eingeladen, dich mit den Menschen auszutauschen und zu feiern, die dir ein gutes Gefühl geben und bei denen du ganz du selbst sein kannst – trotz aller Unterschiede. Es geht um die Menschen, die dir das gute Gefühl geben, dich zu lieben, ohne dass du dich verstellen oder etwas vorspielen musst – deine Chosen Family, bei der du dich so wohlfühlst, dass du sofort dort versacken oder sie spontan in deine Wohnung einladen würdest.

Deine Selbstfürsorge-Praxis

Wann hast du das letzte Mal Spaß gehabt? Lass die Freude, den Überfluss und den Luxus in dein Leben und geize nicht mit deiner Liebe. Zeig den anderen, wie viel sie dir bedeuten, wirf mit Komplimenten um dich, sei verschwenderisch mit deiner Großzügigkeit. Das Leben ist dazu da, gelebt zu werden, und ergibt sich aus der Summe dieser kleinen, wertvollen Momente, in denen du spürst, wie es durch deine Adern pulsiert.

VIER DER KELCHE

Stichworte: Überdruss, Abgrenzung

Mit verschränkten Armen sitzt der missmutig wirkende Mann unter einem saftig-grünen Baum, vor sich drei Kelche aufgereiht. Der strahlend blaue Himmel ist die Kulisse für eine interessante Szene: Eine kleine, fluffige Wolke zeichnet sich neben der sitzenden Person ab, aus der eine

Hand einen großen Kelch reicht. Was beim Ass wie eine Chance wirkt, sieht hier aus wie ein unwillkommenes Geschenk, auf das keine*r Lust hat. Die Chance wird nicht wahrgenommen, – »Nein danke!« sagt die Körperhaltung des Mannes.

Modern Witch Tarot

Over it! Mit dem Schriftzug auf dem Pulli macht Lisa Sterle klar, worum es bei dieser Karte geht: Es reicht, es ist genug, die eigenen Kelche erfordern die ganze Aufmerksamkeit. Als Symbol für das Element Wasser, Gefühle, Unterbewusstsein und (Selbst-)liebe zeigen sie, dass es gerade genug zu tun gibt mit den eigenen Themen und keine Kapazität für andere Bedürfnisse da ist.

In deinem Leben

Gerade hast du genug mit dir selbst zu tun. Du bist manchen Themen und Herausforderungen überdrüssig und alles weitere, was an Ablenkung und Aufgaben an dich herangetragen wird, kann dazu führen, dass du dich überfordert fühlst. Vielleicht nimmst du so eine Chance gar nicht wahr, die sich dir bietet. Es ist jetzt deine Verantwortung, dich abzugrenzen und Nein zu sagen. Ja, das fällt vielen von uns unglaublich schwer! Doch gerade ist eine Phase deines Lebens, in der du bei dir bleiben und dich um deine Bedürfnisse kümmern darfst, ja vielleicht sogar musst, um dein eigenes Wohlbefinden sicherzustellen und wieder Freude an deinem Leben zu empfinden.

Deine Selbstfürsorge-Praxis

Du darfst nun üben, Grenzen zu setzen. Das kann liebevoll oder resolut sein, je nachdem, wie die Situation es verlangt. Mach dir klar, dass es immer okay ist, sich um die eigenen Bedürfnisse zu kümmern, ganz egal, wie viel Bescheidenheit dir beigebracht wurde – »Bescheidenheit ist keine Zier«! Falls dir das schwerfällt, überleg dir in Ruhe, wie du deine Grenzen auf empathische Art vermitteln kannst. Sich Sätze im Kopf zurechtzulegen, hilft dabei, in den herausfordernden Momenten die richtigen Worte zu finden.

FÜNF DER KELCHE

Stichworte: Trauer, Verlust, Dankbarkeit

In einen schwarzen Umhang gehüllt, vor Schmerz und Trauer nach vorne gebeugt, steht eine Person vor dem grauen Himmel – was für ein bedrückendes Bild! Der Blick fällt auf die drei umgekippten Kelche, deren Inhalt sich über den Boden ergossen hat. Am anderen Ufer des Flusses zeigt sich mit der sicheren Burg Hoffnung und Geborgenheit, aber das Gewässer trennt den Schwarzgekleideten vom einfachen Zugang. Die Brücke dorthin ist genauso wenig im Sichtfeld wie die zwei aufrecht-stehenden Kelche hinter dem Rücken.

Modern Witch Tarot

Im Modern Witch Tarot ist die Frau gekleidet wie ein Beerdigungsgast, der lange schwarze Umhang ist einem schicken, taillierten Mantel gewichen, sie trägt außerdem eine kunstvoll geflochtene Steckfrisur. Auf dieser Karte kann man den als Hängebrücke gezeichneten Übergang besser erkennen als beim Waite-Tarot, die Stadt scheint näher und erreichbarer zu sein als im Original.

In deinem Leben

In dir herrschen Aufruhr und Gefühlschaos und dein Blick haftet auf den drei umgekippten Kelchen vor dir, du machst vermutlich eine große Veränderung durch, die ganz schön herausfordernd ist. Deine Gefühle haben ihre Berechtigung! Doch wenn du in der Lage bist, dich umzudrehen, siehst du, dass hinter dir zwei volle Kelche warten. Ja, zwei sind weniger als drei und ich will dir deinen Schmerz nicht ausreden. Sei geduldig mit dir und wenn du soweit bist, wirst du den Blick wiederfinden für das, was immer noch da ist.

Deine Selbstfürsorge-Praxis

Du darfst nun ganz besonders lieb und verständnisvoll zu dir sein. Gesteh dir deine Gefühle zu und finde Wege, sie zu verarbeiten und aus dem Körper zu transportieren. Erlaube dir, zu heulen, zu toben, aufzustampfen vor Wut und Trauer, geh laufen, lass im Wald einen Schrei los, dass die Vögel aus dem Bäumen aufsteigen – was auch immer notwendig ist, damit du die Emotionen nicht in dir aufstaust, tut dir gut.

SECHS DER KELCHE

Stichworte: Inneres Kind, Verspieltheit, Offenheit

Die Karte Sechs der Kelche zeigt zwei Kinder, die miteinander spielen. Das größere Kind scheint dem kleineren Kind einen der mit Blumen gefüllten Kelche als Geschenk zu überreichen. Diese unschuldige Szene spielt auf unsere Kindheit und unser inneres Kind an, den Teil von uns, der sich an die Kindheit erinnert und zu dem wir bis ins Erwachsenenalter einen Zugang bewahren können. Das innere Kind nicht zu vergessen, bedeutet, dass wir uns auch als Erwachsene mit dem Teil in uns verbinden, der unsere Liebe und Zuneigung braucht, und uns weiterhin oder zum ersten Mal geben, was uns als Kind wichtig war.

Modern Witch Tarot

Im Modern Witch-Deck ist diese Verbindung zwischen dem erwachsenen Ich und dem inneren Kind noch sichtbarer durch die Darstellung einer erwachsenen Person und einem Kind, das sie selbst sein könnte. Der Kelch, den sie überreicht, ist als einziger auf diesem Bild gefüllt und erinnert an einen glitzernden Eisbecher – yum!

In deinem Leben

Weißt du, was dein inneres Kind gerade braucht? Die Verbindung mit dieser Seite von dir ist auch im Erwachsenenalter noch wichtig, um die eigenen Bedürfnisse zu spüren und gut für sich zu sorgen – ganz egal, ob du eine schöne oder schmerzhafte Kindheit hattest. Dich kann es gerade unterstützen, dich bewusst dieser Seite von dir zu widmen und deine Selbstfürsorge ernst zu nehmen.

Deine Selbstfürsorge-Praxis

Überlege, was du jetzt brauchst und dir guttut: Brauchst du mehr Freude und Leichtigkeit oder mehr Struktur? Vielleicht möchtest du Aktivitäten wieder entdecken, die dich auf eine kindliche Weise erfüllen und dir Freude bereiten. Was davon kannst du in dein Erwachsenenleben integrieren? Möglicherweise brauchst du auch was anderes und möchtest dir mehr Zuneigung geben. Sich selbst zu bemuttern und gut für sich zu sorgen, ist ein Kerngedanke der Selbstfürsorge. Spür hinein, was dir jetzt guttut und dann setz es um, soweit dir das möglich ist.

SIEBEN DER KELCHE

Stichworte: Unentschlossenheit, Überforderung, Überfluss

Der schwarze Umriss einer Figur schaut auf sieben Kelche, die auf einer Wolke erscheinen und mit unterschiedlichen Gegenständen und Symbolen gefüllt sind – wir sehen einen grünen Lorbeerkranz, eine sich windende Schlange, glitzernde Juwelen und weitere Verheißungen.

Die zurückweichende Körperhaltung des Mannes mit den leicht erhobenen Armen zeigt, dass er mit der Auswahl überfordert ist. Jeder Kelch erscheint gleich interessant und vielversprechend zu sein! Was ist echt und was nicht?

Modern Witch Tarot

Im Modern Witch Tarot steht eine mit schwarzem Rock und Hexenhut gekleidete, langhaarige Person vor der Wolke und schaut auf die mit verschiedenen Symbolen und Gegenständen gefüllten Kelche. Einige der komplexen Symbole wurden ersetzt (das Ungeheuer ist einem Wirbelsturm gewichen, der Frauenkopf einer roten Rose) und sind dadurch leichter zugänglich. Die Auswahl ist aber genauso groß.

In deinem Leben

Wahrscheinlich bist du gerade an einem Punkt, der von dir eine Entscheidung verlangt, die zu treffen dich überfordert. Jede Möglichkeit kommt dir gleich spannend vor und du findest keinen Anhaltspunkt, an dem du festmachen kannst, was besser oder schlechter ist. Doch Überforderung ist nur die eine Seite – du darfst dir auch bewusst machen, dass diese Zeit voller Möglichkeiten für dich steckt.

Deine Selbstfürsorge-Praxis

Soweit es in dieser Situation möglich ist, lass die Zeit für dich arbeiten und erlaube dir, Entscheidungen zu verschieben und dich erst später festzulegen. Manchmal ist der kraftvollste Weg, sich erstmal ein bisschen mehr Raum zu verschaffen, der einem erlaubt, in alle Optionen hineinzufühlen und herauszufinden, was deine innere Stimme dazu sagt. Setz dir eine Deadline, bis zu der du dir Zeit gibst, nichts festlegen zu müssen, und erlaube dir, bis dahin die Grübelei loszulassen und dich um dich zu kümmern. Die Antworten kommen, wenn du es nicht mehr erzwingen willst, sondern dich für deine innere Stimme öffnest.

ACHT DER KELCHE

Stichworte: Aufbruch, Weiterziehen, neue Wege gehen

Ein gelber Mond erleuchtet den Nachthimmel und enthüllt die Rückenfigur einer in einen roten Umhang gehüllten Gestalt, deren Wanderstab zeigt, dass sie sich auf einen weiten Weg macht. Sie geht einen ansteigenden Hügel hinauf, der zeigt, das ihr Vorhaben nicht einfach ist. Dennoch entscheidet sie sich dafür, denn bei den Kelchen im Vordergrund hat sie nicht gefunden, was sie suchte.

Modern Witch Tarot

Im Modern Witch Tarot wurde der rote Umhang durch eine Steppweste ersetzt, der Rucksack auf dem Rücken zeigt noch deutlicher, dass ein weiter Weg bevorsteht. Die dicke Kleidung, Mütze und Stiefel zeigen das kühle Klima, aus dem sich die Frau in den Tag aufmacht, der neue Wärme und Erkenntnisse bringen kann.

In deinem Leben

Bei dir war oder ist gerade etwas los, das dich gefühlsmäßig in Beschlag nimmt. Du hast nun lange genug auf einer bestimmten Sache herumgedacht, dich mit deinen Emotionen beschäftigt und im Kreis gedreht. Du weißt noch nicht, wo es hingeht, aber eins ist klar: So kann es nicht weitergehen. Der Aufbruch ins Ungewisse ist besser, als in der aktuellen Situation zu bleiben.

Deine Selbstfürsorge-Praxis

Der inneren Stimme zu vertrauen, die dir sagt, dass Veränderung nun sein muss, ist wunderbar, weil du dir selbst treu bleibst, aber auch herausfordernd. Einerseits kannst du dich auf die Veränderung freuen, andererseits ist es wichtig, dass du für ein Gefühl innerer Sicherheit sorgst. Rituale, lieb gewonnene Routinen und der Austausch mit deinen liebsten Menschen können dir ein Gefühl von innerer Ruhe und Stabilität geben.

NEUN DER KELCHE

Stichworte: Zufriedenheit, innerer Reichtum, Erfüllung

Mit ausladendem Sitz hat sich der breit grinsende Mann vor seinen Kelchen aufgebaut, die Arme vor der Brust verschränkt, als wolle er sein Hab und Gut beschützen. Stolz zeigt er seinen Reichtum, und es ist nicht ganz klar, ob er die Betrachter dazu einlädt oder sie abwehrt.

Modern Witch Tarot

Im Modern Witch Deck sitzt eine zauberhafte Ballerina mit weitem Tüllrock vor den neun Kelchen. Ihr zufriedenes Gesicht mit dem Afro zeigt ein warmes, entschlossenes Lächeln, die Beine hat sie anmutig übereinander geschlagen. Hinter ihr sind die Kelche verheißungsvoll aufgereiht.

In deinem Leben

Mit den Neun der Kelche bekommst du einen Spiegel vorgehalten, der dir sagt: Schau mal, hier sind all diese Kelche, das gehört alles dir, schau dir deinen inneren Reichtum an. Manchmal sind die Umstände so, dass es uns schwerfällt, das zu sehen, was gut ist, und wenn das bei dir der Fall ist, möchte ich dir das nicht absprechen. Vielleicht brauchst du aber nur die Ermutigung, mal richtig stolz auf dich zu sein und zu sehen, wie viel du schon an dir und deiner Gefühlswelt gearbeitet, was du schon durchgestanden und für dich geheilt hast.

Deine Selbstfürsorge-Praxis

Du darfst dir bewusst machen, dass du unendlich kraftvoll und in der Lage bist, dir deine Wünsche zu erfüllen! Nimm dir einen Moment Zeit, zu sehen, was sich bei dir schon alles bewegt und was du schon alles geschaffen hast. Mit der Neun ist die Zehn und damit das Ende des Zyklus nicht mehr weit. Innehalten und durchatmen, stolz sein und sich ausruhen sind jetzt erlaubt.

ZEHN DER KELCHE

Stichworte: Freude, Momentaufnahme

Ein wunderschöner, leuchtender Regenbogen schwebt über einer glücklichen Gruppe aus zwei Erwachsenen und zwei Kindern, die fröhlich tanzen. Die Karte strahlt pures Glück und Lebensfreude aus! Das Haus in der Ferne, die malerische Landschaft zeigen, dass hier Sicherheit, Zufriedenheit und Glück herrschen.

Modern Witch Tarot

Im Modern Witch-Deck stehen zwei Frauen vor einem strahlenden Regenbogen, hier wird das heteronormative Paarbild aufgebrochen – Warum sollen es nicht ein lesbisches Pärchen oder zwei Freundinnen sein, die sich als Familie verstehen? Der Regenbogen

strahlt genauso farbenfroh über dieser Gruppe wie beim Waite-Tarot.

In deinem Leben

Du darfst jetzt die Augen dafür öffnen, die kleinen Dinge des Lebens zu finden, die dir im Alltag Freude bereiten. Die lustigen Tapser deines Hundes über das Parkett, der Hinterkopf deines Kindes mit seinem Kuchenduft, es sind diese kleinen Alltagssituationen, die dich in den Moment zurückholen. In ihrer Flüchtigkeit liegt ein Zauber, denn sie zeigen, dass unser Leben vergänglich ist und wir jeden Moment genießen sollten – jeden Regenbogen, jedes Lachen, jede Träne.

Deine Selbstfürsorge-Praxis

Versuch mal, in alles, was du tust, die Intention zu legen, mit einem achtsameren Blick durch den Tag zu gehen. Egal, ob du Geschirr wäschst, einen geliebten Menschen umarmst oder eine Runde um den Block gehst, mach dir bewusst, dass dieser Moment das Einzige ist, der ganz dir gehört. Öffne die Augen für die Schönheit des Alltags und hol dich immer wieder aus deinen Gedanken in die Wirklichkeit zurück. So verpasst du keinen Regenbogen mehr.

PAGE DER KELCHE

Stichworte: Verspieltheit, Verträumtheit, Offenheit

Der Page der Kelche bringt eine leichte, fröhliche Stimmung mit sich. Spielerisch die Hand in die Seite gestemmt, steht er da und schaut verträumt auf den Kelch in seiner Hand, aus dem fröhlich ein Fisch herausspringt. Als erste der Hofkarten zeigt er die jugendlich-frische Energie, die mit dem Pagen einhergeht. Gleichzeitig wird diese fröhliche Stimmung durch das sanft gewellte Meer hinter ihm ausgeglichen und wirkt total harmonisch.

Modern Witch Tarot

Bei Lisa Sterles Pagen zeigt das mädchenhafte Styling mit den Haarknoten auf dem Kopf, der Jeansjacke und den Turnschuhen die verspielte Fröhlichkeit dieses Archetyps. Sie scheint mit dem Fisch in eine Unterhaltung versunken zu sein und zeigt damit die unendlichen Möglichkeiten, die mit dieser Karte gezeigt werden: Warum sollten wir nicht mit Tieren sprechen, uns nicht mit allem um uns herum verbinden können?

In deinem Leben

Der Page der Kelche lädt dich dazu ein, das Leben durch eine Brille der Möglichkeiten und Leichtigkeit zu sehen. Tritt innerlich einen Schritt zurück und schau dir deine aktuellen Herausforderungen an: Wie sehen sie aus, wenn du ein bisschen Freude und Kindlichkeit erlaubst? Was wäre, wenn alles nur ein Spiel wäre, du dich nicht so ernst nehmen müsstest? Wie kannst du diesen Tag mit ein bisschen Freude und Spaß versüßen?

Deine Selbstfürsorge-Praxis

Du darfst spielen! Der Page der Kelche fordert dich auf, das Leben nicht so bier-ernst und erwachsen zu sehen, sondern dir verrückte (Tag-)Träume und wilde Hoffnungen zu erlauben. Erinnerst du dich noch daran, wie es war, ein Kind zu sein und noch nichts von den Limitierungen zu wissen, die wir Erwachsenen uns setzen? Es kam uns naheliegend vor, mit Tieren sprechen zu können oder vom Abhang abzuheben, wenn wir nur schnell genug herumrennen. Alles schien uns möglich! In diese Sphäre darfst du wieder eintauchen. Nimm dir Zeit, deinen Träumen nachzuhängen und dadurch neue, kreative Möglichkeiten für dich zu erschaffen. Erlaube dir deine Tagträume und Visionen, egal, ob danach konkrete Schritte folgen.

RITTER DER KELCHE

Stichworte: Sanftheit, Mitgefühl, innere Ruhe

Langsam und bedächtig bewegt sich der Schimmel dieses Ritters, den Kopf andächtig gesenkt und das rechte Bein elegant gehoben. Den Blick nach rechts gerichtet sitzt der Ritter der Kelche aufrecht und elegant in seinem Sattel und hat den Kelch in einer friedlichen Geste erhoben. Er ist verbunden mit seinen Gefühlen und bewegt sich dennoch vorwärts, bringt seine Liebe in Aktion und handelt voller Mitgefühl.

Modern Witch Tarot

Lisa Sterle hat den Ritter durch eine entspannt aussehende Frau ersetzt, deren lange Haare sich in braunen und rosafarbenen Strähnen auf ihre Lederjacke ergießen. Ihr cooles Outfit mit Jeans und Stiefeln zeigt, dass sie total im Einklang mit ihren Gefühlen handelt, aber dennoch entspannt ist.

In deinem Leben

In deinem Leben kommt gerade eine emotionale Herausforderung nach der anderen auf dich zu, du wächst und veränderst dich. Dein Leben ist im Umbruch und jeder Tag überrascht dich aufs Neue. Mit dieser Karte ist es deine Aufgabe, fest in deiner Mitte zu bleiben und dich trotz deiner Gefühlswellen nicht aus der Ruhe bringen zu lassen. Den Kelch ruhig weiterzutragen, erfordert einen starken Kern im Inneren, eine Ausgeglichenheit, damit nichts des kostbaren Wassers verschüttet geht. Es geht voran und dennoch bleibst du ganz bei dir.

Deine Selbstfürsorge-Praxis

Innerer Frieden und Liebe sind die Stichworte dieser Karte – wie geht es dir, wenn du diese Worte liest? Vielleicht musst du schmunzeln, weil das überhaupt nicht auf deine Situation passt, dir gerade alles über den Kopf wächst oder du von deinen Emotionen hin- und hergeworfen wirst. Dann ist es Zeit, ganz bewusst durchzuatmen und Möglichkeiten zu finden, zur Ruhe zu kommen.

Je weniger Reize von außen dich treffen, desto mehr kannst du deinen inneren Frieden stärken – und diese innere Ausgeglichenheit anschließend in herausfordernde Situationen hineintragen.

KÖNIGIN DER KELCHE

Stichworte: Intuition, Bauchgefühl, Spiritualität

Wo fängt das sich sanft kräuselnde Meer an, wo hört das helle Kleid auf? Die Darstellung der Königin der Kelche zeigt, wie sehr sie aus dem Element Wasser besteht: Sie ist eins mit der Weite des Ozeans, dem Meer, das nahtlos in den Horizont eines strahlenden Himmels übergeht. Ihr in den Anblick des sakralen Kelches versunkener Blick zeigt, dass sie fest verbunden ist mit ihrer Spiritualität und der Vision einer anderen Welt. Aufrecht sitzt sie auf ihrem Muschelthron und ist offen für alle Botschaften ihres Unterbewusstseins und der Tiefe des Universums.

Modern Witch Tarot

Atemberaubend schön sieht die Königin der Kelche in ihrem meerblauen Kleid aus, die zarte goldene Krone auf dem kunstvoll geflochtenen, grünen Haar drapiert. Sie scheint mit dem türkisblauen Meer vor ihr zu verschwimmen, Wellen und Stoff gehen ineinander über. Auf der Seite ihres schlichten Muschelthrons ist der Umriss einer Nixe zu sehen, Symbol des Wasserelements, das für die Verlockungen und die Tiefe unserer Gefühle steht.

In deinem Leben

Die Verbindung mit deiner inneren Stimme ist gerade besonders wichtig für dich. Wie kaum eine andere Karte wirst du mit der gefühlvollen Königin der Kelche dazu ermutigt, auf deine Intuition und das Wissen deines Unterbewusstseins zu hören. Du weißt, was richtig für dich ist – und dafür brauchst du niemandes Erlaubnis außer deine eigene! Gesteh dir zu, aus deinem Kopf in dein Herz zu kommen. Dort warten deine Antworten auf dich.

Deine Selbstfürsorge-Praxis

Als Herrscherin über das Wasser fordert diese Königin dich auf, dich in den Weiten deiner Vorstellungskraft, der Liebe, deiner Visionen und Träume zu verlieren. Erlaube dir, mal nicht rational und strukturiert zu sein, sondern dich dem tieferen Bewusstsein und den grenzenlosen Möglichkeiten deiner Sensibilität hinzugeben. Du kannst nun mit dem Wasser-Element arbeiten: Geh schwimmen oder bade im meerblauen Wasser, schreib dir deine wildesten Träume auf und lass deine Gefühle durch verrücktes Tanzen durch dich fließen. Keine*r ist hier, um über dich zu urteilen – du darfst bei dir und deinen grenzenlosen Träumen bleiben.

KÖNIG DER KELCHE

Stichworte: Emotionale Autorität, Heilung, Leadership

Der König der Kelche ist der liebevoll-heilende Herrscher über das Wasser und damit über die Gefühlswelt und die Intuition. Souverän und aufrecht sitzt er auf seinem Thron und hält den Kelch als Ausdruck seiner tiefen Verbundenheit zu seinen Emotionen in der rechten Hand. Obwohl er von Wasser umgeben ist, stehen seine Füße auf festem Untergrund: Er hat seinen Platz in der Welt gefunden, ist sich seiner Macht trotz der Verbundenheit mit der wechselhaften Natur des Wassers und der Gefühle ganz bewusst. Er ist ein liebevoller, aber sicherer Anführer.

Modern Witch Tarot

Wieder ein König, der extrem lässig aussieht: Gechillt sitzt die Person, die nur durch den Anzug als König gekennzeichnet ist, auf ihrem von tosenden Wellen umgebenen Thron. Der König der Kelche ist voller Gefühl und dennoch so souverän, dass er sich nicht darin verliert, sondern anderen den Weg weisen kann. Er ist der Anführer einer Zeit, in der Gefühle dem Verstand gleichwertig gestellt sind.

In deinem Leben

Weißt du eigentlich, wie viel du anderen Menschen geben kannst, wie sehr deine Gegenwart den anderen erlaubt, sie selbst zu sein? Der König der Kelche führt dir vor Augen, welche Heilkraft in dir schlummert, die du nun endlich anerkennen darfst. Ja klar bist du nicht perfekt, aber du hast Wissen und Liebe zu geben, die Menschen um dich herum transformieren kann. Du darfst dir jetzt erlauben, das anzunehmen und darauf stolz zu sein.

Deine Selbstfürsorge-Praxis

Der König der Kelche fordert dich dazu auf, dich nicht mehr klein zu machen, sondern an dich zu glauben. Um herauszufinden, wie du diese Überzeugung stärken kannst, darfst du genau das machen, was der König dir vorlebt: Hör in dich hinein, was du jetzt brauchst, um dein Selbstbewusstsein und deine innere Autorität zu stärken. Du weißt, was du dir geben kannst – finde es heraus und trage es nach außen.

DIE REIHE DER MÜNZEN

Selbstfürsorge mit den Münzen

Mit den Münzen zu arbeiten heißt, mit dem Element Erde zu arbeiten, das für deine Werte, deine Struktur, deinen Körper (die Verbindung zur Erde), und auch für dein Verhältnis zu Geld und damit innerer Sicherheit steht. Wenn du viele Münzen in einem Reading aufdeckst, wirst du dazu ermutigt, dich mit deiner körperlichen Selbstfürsorge und deinen Wertvorstellungen auseinanderzusetzen. Arbeite mit den Hofkarten der Münzen, um mehr Sicherheit in dir zu finden, dich deinem Körper zu widmen und dein Leben zu strukturieren.

ASS DER MÜNZEN

Stichworte: Samen säen, Intention setzen

Mit dem Ass der Münzen bekommst du die Chance, einen Samen zu setzen, der zukünftig starke Wurzeln schlagen, wachsen und gedeihen darf. Die Hand aus dem Himmel ist das Bild für dieses Potenzial und zeigt dir, dass du dabei unterstützt wirst und auf dem richtigen Weg bist. Der Garten am unteren Bildrand zeigt die Fruchtbarkeit des Moments und das Tor verweist auf gute Aussichten.

Modern Witch Tarot

Im Modern Witch Tarot sehen wir eine elegante Hand mit langen, schwarzen Fingernägeln, die uns die Münze reicht. Auch hier findet sich der Garten als Metapher für Wachstum und Entwicklung.

In deinem Leben

Du hast jetzt die Chance, Entscheidungen zu treffen und dein Leben so zu gestalten, dass es mehr im Einklang mit deinen Werten steht.

Wahrscheinlich hast du in der letzten Zeit viele wichtige Erkenntnisse über dich und deine Bedürfnisse gehabt, und mit dem Ass kannst du nun beginnen, diese mehr zu leben. In dieser Karte steckt sehr viel Potenzial, aber du musst diesen Anfang noch mit Geduld und Vorsicht behandeln, denn die Wurzeln sind noch wenig ausgeprägt und dein neues Verhalten noch nicht stark verankert.

Deine Selbstfürsorge-Praxis

Die Metapher der Pflanzen und des Gartens zieht sich durch die Reihe der Münzen. Mit dem Ass ist es wichtig, dass du dich in Geduld und Beharrlichkeit übst – vertrau dir und deinen neuen Gewohnheiten und bleib dran! Wie Beppos Straßenkehrer in Michael Endes »Momo« sagte: »Man darf nie an die ganze Straße auf einmal denken, verstehst du? Man muss nur an den nächsten Schritt denken, an den nächsten Atemzug, an den nächsten Besenstrich. Und immer wieder nur an den nächsten. (...) Dann macht es Freude; das ist wichtig, dann macht man seine Sache gut. Und so soll es sein.«

ZWEI DER MÜNZEN

Stichworte: Balance, Fokus

Unbekümmert von einem Bein aufs andere hüpfend, die beiden Münzen wie Jonglierbälle in den Händen balancierend, so fängt der Mann in der Mitte des Bildes den Blick ein. Die tanzenden Wellen mit den Schiffen, die Unendlichkeitsschleife und der spielerische Stand, alles spiegelt das Auf und Ab des Lebens wider, das der Jongleur gekonnt ausbalanciert.
Es geht darum, sich auf den Flow einzulassen und mit den Möglichkeiten und Herausforderungen zu spielen.

Modern Witch Tarot

Lisa Sterle hat statt der hellblauen Wellen die Metapher des Gartens aufgegriffen und ihre jonglierende Frau in einer Blumenwiese abgebildet, hinter der sich Berggipfel erstrecken. Sie hat die Augen geschlossen und zeigt so, dass es darum geht, sich hinzugeben und einzulassen. Eine wunderschöne Karte!

In deinem Leben

Du darfst dich jetzt auf den Flow einlassen und eine Balance in deinen Lebensbereichen schaffen, die sich für dich gut anfühlt. Du darfst dich entspannen, zugleich ist dieser Zustand aber so fragil, dass du ganz genau aufpassen musst, dass keiner dir noch eine dritte Münze zuwirft. Fokus und Flow sind nun die zwei wichtigsten Stichworte für dich.

Deine Selbstfürsorge-Praxis

Schau dir dein Leben ehrlich an und fühle hinein, was gerade nicht in Balance ist. Falls es mehrere Bereiche sind, konzentriere dich erstmal auf einen, der sich für dich am wichtigsten anfühlt, und setze den Fokus darauf, dort Ausgleich und Balance zu schaffen. Meist wollen wir am liebsten alles auf einmal verändern, aber das kann wieder überfordern, also fokussiere dich auf kleine Schritte, um mehr Balance in dein Leben zu holen. You've got this!

DREI DER MÜNZEN

Stichworte: Teamwork, Zusammenhalt, gegenseitige Unterstützung

Drei Personen stehen unter einem Gewölbe, der rechte Mann hat die Arme erhoben und weist erklärend auf die verschiedenen Teile des Bauwerks. Die langen Kutten seiner Begleiter verweisen darauf, dass es sich bei den anderen beiden um einen Mönch und eine Begutachterin mit Bauplan handelt, die einschätzen, ob hier gute Arbeit geleistet wurde. Der schwarze Hintergrund verweist auf eine ungewisse Zukunft, die noch nicht erschlossen ist.

Modern Witch Tarot

Lisa Sterle wählt eine Szene, die ihr als Illustratorin wahrscheinlich bekannter ist als das Bild der Architekten. In der Szene sehen wir ein Aktmodell, eine Schülerin und eine Lehrerin. Es ist bemerkenswert, dass hier viel weniger eine Prüfungsszene gezeigt wird als eine gleichberechtigte Situation, in der sich alle Beteiligten gegenseitig brauchen, um ihre Aufgabe zu erfüllen, und dennoch jede*r ihre Kompetenzen hat. Hier wird der Teamwork-Gedanke mehr betont als die Herausforderung, etwas zu beweisen.

In deinem Leben

Du darfst dich jetzt dafür öffnen, unterstützt zu werden und nicht alles alleine machen zu müssen. Du stehst vor einem großen Durchbruch (innerlich oder äußerlich) und die anderen können für dich da sein, dich auf deinem Weg unterstützen und fördern. Vielleicht findest du ein*e Mentor*in, lässt dich darauf ein, gefördert zu werden, oder lässt deine Beziehungen spielen.
Trau dich, dir helfen zu lassen.

Deine Selbstfürsorge-Praxis

Unseren eigenen Wert zu erkennen und uns Unterstützung zu erlauben, kann herausfordernd sein, besonders, wenn du weiblich sozialisiert wurdest und dir beigebracht wurde, dass »Bescheidenheit eine Zier ist«. Das ist totaler Unfug, du bist sowas von toll und bereit, das nächste Level zu erreichen. Und wenn dir dabei jemand helfen möchte, umso besser.

VIER DER MÜNZEN

Stichworte: Grenzen setzen, Energie beschützen, Werte bewahren

Fest auf seinem Stuhl verankert, sitzt der Mann da, sich von der Welt abschottend, mit den vier Münzen zu seinen Füßen, vor seiner Brust und über seinem Kopf. Die Münze vor seiner Brust ist mit den Armen umschlungen, sodass nicht klar ist, ob er sie zeigen und damit jemanden anlocken will oder dient sie der Abwehr? Hinter ihm erstreckt sich eine Stadt als Zeichen des Wohlstands, den der Münzhändler abschottet.

Modern Witch Tarot

Bei Lisa Sterle sitzt die Frau mit dem braunen Bob und der Brille genauso stabil auf ihrem Stuhl wie im Original. Sie trägt eine dicke, rote Daunenjacke, die betont, wie sehr sie sich von ihrer Umwelt abgrenzt.

In deinem Leben

Diese Karte zeigt sich oft, wenn du Zeit für Rückzug brauchst und wieder bei dir und deinen Werten und Bedürfnissen ankommen musst. Vielleicht fühlst du dich ausgelaugt, weil du das Gefühl hast, dich ständig verbiegen zu müssen und nicht nach deinen eigenen Überzeugungen zu leben. Du darfst jetzt wieder mehr auf deine Bedürfnisse bestehen und dein Leben in Einklang mit deinen Überzeugungen bringen. Andererseits kann die Karte dir auch empfehlen, dich mehr für die Standpunkte anderer zu öffnen und zu verstehen, dass viele verschiedene Meinungen ihre Berechtigung haben. Auf seiner eigenen Meinung zu beharren, kann dich zu dogmatisch und streng machen, und diese Strenge wendest du dann vielleicht auch auf dich selbst an. Falls das so ist, versuch deine Umwelt mit milderen Augen zu sehen, dann wird dir der liebevolle Blick auf dich selbst auch leichter fallen.

Deine Selbstfürsorge-Praxis

Hast du dir schon mal Gedanken über deine Werte gemacht? Sich damit auseinanderzusetzen, kann dir Klarheit darüber geben, was dir für dein eigenes Leben und die Gemeinschaft wichtig ist. Du findest im Internet viele Wortlisten mit Werten, die du nach und nach durchstreichen kannst, bis deine Grundwerte übrig bleiben. Das ermöglicht dir, gefestigter und souveräner für dich einzustehen, weil du so eindeutiger benennen kannst, wenn sich etwas falsch anfühlt.

FÜNF DER MÜNZEN

Stichworte: Angst, Einsamkeit, Ausgeschlossenheit

Zwei in Lumpen gekleidete Menschen stapfen durch den Schnee an einer hell erleuchteten Kirche vorbei, der eine geht an Krücken. Der Kontrast der gelben Fenster zu den dunklen Mauern zeichnet ein krasses Bild, das zeigt, wie ausgeschlossen und allein sich die zwei Personen fühlen.

Modern Witch Tarot

Lisa Sterle hat die Szene nicht ganz so eindringlich dargestellt, bei ihr sieht man zwei Frauen, die in dicke Winterjacken eingepackt, aber trotzdem offensichtlich frierend die Straße neben der Kirche entlanggehen. Schneeflocken fallen auf sie herab und ihre Gesichter sehen müde und traurig aus.

In deinem Leben

Vielleicht gehst du gerade durch eine Phase, in der viel im Umbruch ist und du dich manchmal fühlst, als würde dir der Boden unter den Füßen weggezogen werden. Wenn sich in unserem Leben etwas verändert, sei es auch zum Positiven, ist das immer herausfordernd. Wir Menschen schätzen Sicherheit über alles. Sei deshalb in Zeiten der Transformation ganz besonders mitfühlend und liebevoll mit dir.

Deine Selbstfürsorge-Praxis

Für dich ist es ganz wichtig, dass du dir nun das Gefühl innerer Sicherheit gibst. Schau dir dazu ehrlich an, wo es gerade hapert. Viele Menschen und besonders Frauen trauen sich nicht, sich ihre Finanzthemen ehrlich anzuschauen, falls das ein Grund ist, hol dir Unterstützung dafür von jemandem, dem du vertraust. Auch Routinen und Rituale, feste Tagesabläufe können dir das Gefühl innerer Sicherheit geben. Online oder in Büchern findest du auch Meditationen für innere Sicherheit, durch die du in dir einen Ort erschaffst, an den du gedanklich zurückkehren kannst, wenn dich etwas herausfordert.

SECHS DER MÜNZEN

Stichworte: Ausgleich, Großzügigkeit

Ein gut gekleideter Kaufmann steht in der Mitte des Bildes und gibt mit rechts großzügig eine Handvoll Münzen an zwei Bettler, die auf dem Boden vor ihm knien. In der linken Hand hält er eine Waage, denn hier geht es um die Balance von Geben und Nehmen. Reichtum und Armut werden ausgeglichen und das Gefühl der Unterstützung und Sicherheit gleichmäßiger verteilt.

Modern Witch Tarot

Bei Lisa Sterle sehen wir eine lässig gekleidete Frau in rotem Sommerkleid und Stiefeln, die keine Münzen verteilt, sondern in jeder Hand ein bunt verpacktes Geschenk hält. Die vor ihr knienden Frauen sind weniger schick gekleidet, aber nicht so eindeutig ärmlich aussehend wie bei Waite. Der Unterschied zwischen den Beteiligten ist hier weniger stark ausgeprägt.

In deinem Leben

Vielleicht hast du die letzten Wochen viel gegeben und dein Umfeld mit Liebe, Geduld und Apfelkuchen unterstützt. Auf dich ist Verlass und du bist immer für andere da. Doch nun darfst du dich zurücklehnen und empfangen. Öffne dich für Unterstützung von außen und lass dir helfen. Falls du jemand bist, der schon sehr gut annehmen kann, darfst du nun großzügig deine Liebe nach außen geben. Schreib doch mal wieder eine Überraschungs-Postkarte oder rufe jemanden an, der schon lange nichts mehr von dir gehört hat.

Deine Selbstfürsorge-Praxis

Falls du jemand bist, die ihre Bedürfnisse oft hintenanstellt und sich um andere kümmert, kann es dir schwerfallen, Unterstützung anzunehmen. Wenn das so ist, mach dir bewusst, dass du anderen nicht zur Last fällst, sondern deinen Liebsten sogar eine Freude machst, wenn sie dir etwas von der Liebe zurückgeben können, die du ihnen immer gibst. Du tust ihnen damit Gutes, wenn sie dir etwas zurückgeben können! Übe dich jetzt darin, Unterstützung zu empfangen und öffne dich dafür, gehalten zu werden.

SIEBEN DER MÜNZEN

Stichworte: Geduld, Warten, Vertrauen

Versonnen auf seinen Stab gestützt schaut der Gärtner auf einen Strauch voller goldener Münzen. Er ist vollkommen in diesen Anblick versunken, seine Ausstrahlung ist ruhig und gelassen.

Modern Witch Tarot

Lisa Sterle hat ihre Gärtnerin in ein modernes Glashaus versetzt und ihr eine Gießkanne in die rechte Hand gegeben. Mit vor der Brust verschränkten Armen schaut sie auf die Monstera neben sich, an der fünf der Münzen hängen, die anderen zwei auf der Pflanze vor ihr. Ihre Haltung sieht etwas weniger entspannt aus als beim Original, ein leichter Anflug von Ungeduld spiegelt sich auf ihrem Gesicht. Sie lehnt sich zurück und betrachtet skeptisch die Pflanze.

In deinem Leben

Egal, welches Projekt oder Anliegen dich gerade beschäftigt, du darfst jetzt geduldig bleiben und darauf vertrauen, dass sich die Dinge so entwickeln werden, wie du dir das wünschst, solange du Liebe und Geduld hineinsteckst. Jede Pflanze braucht ihre Zeit, man kann nicht an ihren Blättern ziehen, um sie zu schnellerem Wachstum zu bringen. Lass die Dinge sich entwickeln und gib ihnen den Raum, zu reifen.

Deine Selbstfürsorge-Praxis

Geduld und Vertrauen fallen vielen von uns schwer, denn wir Menschen lieben es, die Kontrolle zu behalten, um uns vermeintlich sicher zu fühlen. Dabei lassen wir außer acht, dass es eine totale Sicherheit nicht gibt, sondern nur den aktuellen Moment. Vertrauen ist nicht nur ein Gefühl, sondern auch eine Entscheidung, die wir immer wieder treffen können. Mit dieser Karte kannst du dich daran erinnern und gedanklich immer wieder Vertrauen und Geduld wählen, bis sie nach und nach in dir verankert sind.

ACHT DER MÜNZEN

Stichworte: Hingabe, Meisterschaft, Durchhaltevermögen

Auf einer Werkbank sitzend bearbeitet ein junger Mann eine Münze, sieben bereits fertiggestellte Münzen hängen aufgereiht an einem Baumstamm oder liegen auf dem Boden neben ihm. Mit Hingabe widmet sich der Lehrling der vor ihm liegenden Scheibe und prägt die Umrisse des Sterns mit Hammer und Stößel hinein.

Modern Witch Tarot

Diese Karte ist etwas ganz Besonderes, denn hier hat sich Lisa Sterle als Illustratorin selbst dargestellt, die vor einem Fenster mit Stadtkulisse sitzt und an einem Tablet eine Münze zeichnet. Das Fenster scheint geöffnet zu sein, und man spürt förmlich den sanften Windhauch, der die Vorhänge umspielt. Sie trägt eine Leggings, T-Shirt, Mütze und gemütliche Socken, und man kann sich vorstellen, dass sie genauso bei der Arbeit aussieht.

In deinem Leben

Je nachdem, welches Verhältnis du zum Thema Disziplin hast, rollst du entweder mit den Augen bei dieser Karte oder sie gibt dir ein heimeliges, vertrautes Gefühl. Es geht nämlich darum, dranzubleiben und mit Beharrlichkeit und Ausdauer etwas immer wieder zu tun, bis man sicher darin ist. Du bist hier gefragt, aktiv an deinem Glück zu arbeiten und dich darauf einzulassen, Verantwortung zu übernehmen und mit deinem Tun weiterzumachen. Das kann langweilig klingen, aber dir auch dabei helfen, innere Sicherheit und Selbstvertrauen zu entwickeln.

Deine Selbstfürsorge-Praxis

Falls du Ausdauer und Disziplin nicht so magst und du dennoch dranbleiben möchtest, mach dir doch die Umstände und die Umgebung so schön wie möglich. Die Steuererklärung macht sich leichter, wenn du dir dafür eine Kerze anzündest und leise HipHop-Beats laufen lässt. Mach das Banale und Alltägliche sexy! So bleibst du leichter dran und kannst den Prozess möglicherweise sogar genießen.

NEUN DER MÜNZEN

Stichworte: Ernte, Stolz, Erfüllung

In einem wunderschönen Garten steht eine elegant gekleidete Frau mit Hut, ihre rechte Hand berührt sanft eine Münze, auf den Fingern der linken Hand sitzt ein Falke. Hinter ihr erstrecken sich Weinreben mit üppigen Blättern und weiter hinten säumen sanfte Hügel den Horizont. Die Szene wirkt so entspannt und zufrieden, und der Falke zeigt uns, dass es darum geht, genau den Augenblick wahrzunehmen, der perfekt ist.

Modern Witch Tarot

Im Modern Witch Tarot sehen wir eine Gärtnerin mit roter Schürze und Gummistiefeln, die einen Bund frischer Karotten in der Hand hält. Statt vor Weinreben steht sie vor Tomatenstauden und statt des Falken ruht sich ein kleiner, blauer Vogel auf ihrem Hut aus. Ihr Gesichtsausdruck spiegelt ihre Zufriedenheit darüber, dass der Zeitpunkt der Ernte gekommen ist.

In deinem Leben

Du darfst jetzt stolz sein! Du hast so viel Liebe, Zeit, Geduld und Hingabe in etwas gesteckt, das du nun feiern und genießen darfst. Falls du nun stutzt und dir nichts einfällt, denk noch mal genauer nach. Oft sind wir so auf Bescheidenheit gepolt, dass wir uns Stolz nicht zugestehen. Aber du verdienst es, deine Erfolge zu zelebrieren, und seien sie noch so klein. Schenk dir selbst ein Lächeln im Spiegel, stoß mit jemandem an, hol den Champagner raus und genieße, was du erreicht hast.

Deine Selbstfürsorge-Praxis

Wenn du lernen möchtest, deine Erfolge zu feiern, mach es dir zur Gewohnheit, bereits Kleinigkeiten zu zelebrieren und stolz zu sein. Du bist heute Morgen aufgestanden? Hurra! Deinem Kind schmeckt, was du gekocht hast? Yay! Wenn du übst, kleine Erfolge wahrzunehmen, wird es dir leichter fallen, die großen Meilensteine zu honorieren und gebührend zu feiern. Und dann verweile ein bisschen dort, bevor du dir das nächste Ziel suchst.

ZEHN DER MÜNZEN

Stichworte: Innerer Reichtum, Angekommen sein, Zufriedenheit

Was für ein Reichtum auf dieser Karte! Ein alter Mann mit Weinreben-geschmücktem Gewand sitzt im Vordergrund, zwei Hunde zu seinen Füßen und ein Torbogen erstreckt sich über das Bild, unter dem sich zwei üppig gekleidete Menschen begegnen. Im Hintergrund sieht man einen Hof, der Wohlstand und das Gefühl des Angekommen-Seins andeutet. Die zehn Münzen sind in der Form des kabbalistischen Lebensbaums angeordnet und zeigen, dass es nicht nur um äußere, sondern auch um eine innere, spirituelle Erfüllung geht.

Modern Witch Tarot

Im Modern Witch Tarot sehen wir statt des Mannes eine alte Frau mit langen weißen Haaren, die sich zu den Hunden vorbeugt. Hinter ihr stehen zwei Personen, die Frau mit den grünen Haaren trägt ein Kind auf ihrem Arm. So bringt Lisa Sterle drei Generationen zusammen und betont so das Gefühl der inneren Zufriedenheit und Verbundenheit. Der von Blätterranken gesäumte Torbogen schmückt den Bildrand, im Hintergrund ist die große Fensterfront eines Hauses zu sehen.

In deinem Leben

Wenn du diese Karte ziehst, hast du es geschafft, du bist am Ziel und ein Gefühl inneren Reichtums darf dich durchströmen. Schau dich um und nimm wahr, was du dir alles aufgebaut und erreicht hast. Dich umgibt so viel Liebe, Unterstützung und Zusammenhalt, du musst nur die Augen dafür öffnen. Das muss nicht bedeuten, dass da wirklich viele Menschen oder viel Geld ist, es geht um das Gefühl des Angekommen-Seins und der Zufriedenheit, das du jetzt zulassen darfst.

Deine Selbstfürsorge-Praxis

Es ist nun Zeit, innezuhalten und zu reflektieren und wahrzunehmen, was dich an äußerem und innerem Reichtum umgibt. Führ dir vor Augen, was du alles erreicht hast, was früher noch ein ferner Traum war. Du darfst jetzt integrieren, welche

Meilensteine du erreicht hast, welche Wertvorstellungen du dir erfüllt hast. Das geht am besten, wenn du dir ein bisschen Zeit für dich nimmst und alles aufschreibst, Tarotkarten ziehst und den Moment wahrnimmst.

PAGE DER MÜNZEN

Stichworte: Neuanfang, Integrität, Erdung

Ein junger Page steht auf einer grünen Wiese und betrachtet die goldene Münze, die er vor sein Gesicht hält. Als jüngste der Hofkarten steht der Page für Offenheit und Neugier und so nähert er sich der Münze an, dem Element Erde, dem Thema der Werte, Stabilität und Struktur. Er ist ganz am Anfang dieser Reise und macht sich bereit, mehr und mehr dazuzulernen.

Modern Witch Tarot

Sneaker, Ringelshirt, Jeans und Rucksack zeigen im Modern Witch Tarot die Jugendlichkeit des Pagen. Auch hier steht er auf einer Blumenwiese als Symbol des Wachstums und der Entwicklung, die wir in der Reihe der Münzen finden.

In deinem Leben

Der Page der Münzen bringt einen kleinen Neuanfang, mit dem du dich und deine Werte und Überzeugungen neu ausrichtest. Du bist vielleicht dabei, dich von alten Glaubenssätzen zu lösen und neu zu entdecken, was mit dir im Einklang ist und was nicht. Du entdeckst Anteile von dir neu, du lernst dazu, und es wird dir immer wichtiger, danach zu leben. Das ist der erste Schritt einer Reise hin zu mehr Integrität und Ehrlichkeit dir selbst und anderen gegenüber. Der Page unterstützt dich dabei, diese Wurzeln zu schlagen.

Deine Selbstfürsorge-Praxis

Das Thema Erdung ist beim Pagen der Münzen sehr wichtig, denn als Page steht er für Erde und die Münzen stehen ebenfalls für Erde, das Element ist hier also doppelt betont. Überlege dir also, was erdet dich und hilft dir, deine neuen Erkenntnisse nicht nur kognitiv zu verstehen, sondern auch in dein Wesen und Handeln zu integrieren? Vielleicht bedeutet das für dich, ganz viel in dein Tagebuch zu schreiben, dich täglich mit Affirmationen zu verbinden oder viel Zeit in der Natur zu verbringen. Arbeite mit dem Element Erde, um stabiler und integrer zu werden.

RITTER DER MÜNZEN

Stichworte: Ausrichtung, Intention, Planung

Jeder der Ritter sitzt auf einem Pferd, doch nur das schwarze Pferd des Ritters der Münzen steht an Ort und Stelle. Es signalisiert Stärke und Standhaftigkeit und trägt den Ritter auf dem Rücken, der die Münze in der rechten Hand hält. Sein Helm ist mit Blättern geschmückt, hier wird das Thema der Fruchtbarkeit und des Wachstums aufgegriffen. Der Blick des Ritters richtet sich nach vorne, er schaut fest und voller Sicherheit in seine Zukunft.

Modern Witch Tarot

Lisa Sterle hat dem Ritter der Münzen eine grüne Baseballkappe und ein hellblaues Hemd angezogen statt einer metallenen Rüstung mit Kopfschmuck. In ihrer leicht schrägen Perspektive können wir dem Pferd ins Gesicht und seine schwarzen Augen schauen. Seine Ohren sind nach hinten in Richtung des Ritters gedreht, als warte es darauf, das Kommando zum Vorwärtsgehen zu bekommen.

In deinem Leben

Der Ritter der Münzen ist der langsamste der Ritter und damit zeigt er dir, dass es für dich an der Zeit ist, dich auszurichten und zu planen, bevor es losgeht. Es geht jetzt darum, mit welcher Intention du Dinge und Projekte angehen möchtest. Eine super Zeit, um Pläne zu schmieden, Strukturen zu überlegen und eine Basis zu schaffen. Bevor du den nächsten Schritt machst, schau nochmal, ob die Ausrichtung für dich stimmt und du fest im Sattel sitzt. Falls das nicht so ist, leg eine Pause ein und erlaube dir, nachzujustieren.

Deine Selbstfürsorge-Praxis

Wenn es darum geht, sich auszurichten und Strukturen zu schaffen, ist es wichtig, die Balance zwischen perfekter Planung und Handlungsfähigkeit zu finden. Zu viel Perfektionismus kann uns auch davon abhalten, ins Tun zu kommen. Falls das bei dir so ist, darfst du dir erlauben, auch mal ohne perfekten Plan den nächsten Schritt zu machen! Der Weg wird sich auch vor dir öffnen, ohne dass du ihn kennst. Falls du eher der impulsive Typ bist, gilt das Gegenteil, und du darfst jetzt bewusst mehr Langsamkeit und Ruhe einladen, die dich in deiner Ausrichtung unterstützen.

KÖNIGIN DER MÜNZEN

Stichworte: (Selbst-)Fürsorge, Fruchtbarkeit, liebevolles Handeln

Die Königin der Münzen kann auch Mutter Erde genannt werden, denn sie ist die nährende, fürsorgliche und liebevolle Herrscherin über das Element Erde. Blühende Blumen und eine in braunen Tönen gehaltene Landschaft säumen ihren Thron und weisen gemeinsam mit dem Hasen auf ihre Fruchtbarkeit hin. Fruchtbarkeit steht dabei nicht nur dafür, tatsächlich Kinder zu bekommen, sondern Dinge auf die Welt zu bringen, die auch kreative Projekte aller Art sein können. Die Königin der Münzen versieht alles, was sie tut, mit Liebe, und sie ist auch die Karte für körperliche Selbstfürsorge und Sinnlichkeit, denn unser Körper verbindet uns mit der Erde und erlaubt uns, dieses Leben mit all seinen Eindrücken zu erfahren.

Modern Witch Tarot

Was für eine fantastische Karte die Königin der Münzen in diesem Deck ist! Ihre langen, schwarz-gelockten Haare fallen üppig auf ihre Schultern und sie trägt ein rotes Kleid mit gekreuzten Stoffbahnen über der Brust. Ihr Blick ist versunken in den Anblick der Münze, der Ziegenkopf an ihrem Thron verweist auf ihre Sinnlichkeit, der weiße Hase ist hier viel deutlicher herausgearbeitet und zeigt ihre Fruchtbarkeit.

In deinem Leben

Die Königin der Münzen fordert dich auf, deine sinnliche, fürsorgliche und kreative Ader mehr zu leben. Sie ist deine Ermutigung dafür, dir selbst eine gute Mutter zu sein, dich zu umsorgen und das Leben in vollen Zügen zu spüren und zu genießen. Ihre fruchtbare Ader zeigt nicht nur an, dass jemand ein Kind empfängt, sondern zeigt dir auch, dass jetzt eine tolle Zeit ist, um etwas auf die Welt zu holen und zu manifestieren, was dir am Herzen liegt. Du wirst dazu ermutigt, konkrete Schritte zu gehen und dich darauf einzulassen, etwas zu erschaffen.

Deine Selbstfürsorge-Praxis

Raus aus dem Kopf und rein in den Körper! Verbinde dich mit dir selbst und erlaube dir, mit allen Sinnen wahrzunehmen, was die Welt dir zu bieten hat. Du kannst dir jetzt eine Umgebung schaffen, die alle deine Sinneswahrnehmungen erfüllt, indem du dich mit schönen Dingen, Düften und Geschmäckern umgibst. Erlaube dir, dich sinnlich zu erfahren und mit deinem Körper Kontakt aufzunehmen, komm in Bewegung und ins Schwitzen, wenn dir das möglich ist. Das ist eine großartige Zeit für mehr Sex, mehr Bewegung, mehr Spüren und dafür, deine Wohnung richtig schön zu machen, sodass sie alle deine Sinne erfüllt.

KÖNIG DER MÜNZEN

Stichworte: Zuverlässigkeit, Stabilität, Bodenständigkeit

Der Thron des Königs der Münzen ist über und über geschmückt mit Pflanzen, Weinreben und Trauben, die Genuss und Sinnlichkeit symbolisieren. Fest und mit zufriedenem Gesichtsausdruck sitzt er da und hält in der Rechten ein Zepter, in der linken Hand die Münze. Das zeigt eine Balance von Handlung (rechts) und Kontakt zur inneren Stimme (links) in Verbindung mit den Qualitäten des Elements Erde. Die Stierköpfe am oberen Ende des Throns verweisen auf das Element Erde und die Sicherheit und Bodenständigkeit des Königs, die Burg im Hintergrund verstärkt das ebenfalls. Dieser König weiß genau, was seine Werte sind und richtet sein Handeln danach aus. Er ist souverän, zuverlässig und bodenständig.

Modern Witch Tarot

Im Modern Witch Tarot sitzt der König ein wenig lässiger da, ein Bein über das andere geschlagen und die Krone locker auf den kurzen Haaren. Die männliche Seite des Königs wird durch die Krawatte angedeutet, auf seiner Jacke finden sich die Weinreben. Der Thron ist schlichter dargestellt als im Original, nur die zwei großen Stierköpfe schmücken ihn auffällig. Die Steinmauer, die hinter ihm durch das Bild läuft, zeigt die Stabilität und Festigkeit seiner Werte.

In deinem Leben

Der König der Münzen kann dich dazu ermutigen, mehr an dich und deine Werte und Überzeugungen zu glauben. Was du sagst und tust, hat Gewicht, und du darfst dich darauf verlassen, dass da eine stabile Basis ist, um die Dinge zu erreichen, die du erreichen willst. Klar ist es wichtig, sich zu reflektieren und immer wieder dazuzulernen, aber genauso wichtig ist es, an sich und seinen Wert zu glauben und zu wissen, dass man auf der Welt einen Einfluss hat. Deine Bedürfnisse und deine Wünsche sind valide und du darfst sie ernst nehmen. Mit dem König der Münzen kannst du dich auf dich selbst verlassen.

Deine Selbstfürsorge-Praxis

Du kannst dich jetzt damit beschäftigen, wie du zu dem Konzept der Zuverlässigkeit stehst, und daran arbeiten, dir selbst stärkere oder weichere Grenzen zu setzen, je nachdem, was du brauchst. Wenn du verlässlicher werden möchtest, kannst du damit anfangen, für dich selbst Strukturen zu finden, die dir guttun und dir ein stabiles Gefühl geben und diese in dein Leben integrieren: Zum Beispiel feste Schlafenszeiten, ein sinnliches Morgenritual oder Meal Prep, um dein Essen für die Woche vorzubereiten. Dir selbst gegenüber zuverlässiger zu werden, ist ein erster Schritt, der dich dabei unterstützt, das auch auf die Beziehungen mit anderen auszuweiten.

DANKSAGUNG

Zuerst möchte ich meiner immer geduldigen, mich liebevoll aufbauenden Lektorin Jennifer Lorenzen-Peth danken, die mir nicht nur eines, sondern mehrere Wochenenden geopfert hat. Danke, dass du immer an mich geglaubt und nie lockergelassen hast, wenn meine Motivation gerade verschwunden war!

Mein Partner Manuel hat auf sehr viel Zeit mit mir verzichtet, mir geduldig Essen gekocht und es sich angehört, wenn ich genervt war. Danke, dass du immer für mich da warst und mit mir meine Ideen ausgetauscht hast, du bist eine riesige Inspiration für mich.

Meine Kernfamilie, Anne, Sophia, Rainer und mein Opa Franz, ihr steht immer hinter mir und ich hab euch so viel Offenheit, Neugier auf die Welt, den Mut zum Anderssein, Toleranz und Empathie zu verdanken. Dieses Buch ist meine Hommage an euch!

Danke an meine Freundinnen Cora und Helen, ihr wart während des Lockdowns meine wichtigsten Bezugspersonen und der Grund, dass ich in dieser langen Phase des Zuhausesitzens und »Von Arbeit umgeben«-Seins nicht durchgedreht bin.

Danke auch an Peter, Magda, Flo, Matze und Dominic, obwohl wir uns nicht oft sehen konnten, waren es die Lacher, die ihr mir trotz Entfernung beschert habt, die mir so viele Abende versüßt und alles einfacher gemacht haben.

Ich danke außerdem meinen liebsten Klient*innen, alle, die in den letzten Jahren für eine mehr oder weniger kurze Zeit zu mir gefunden haben und mit ihren Geschichten und ihrer Offenheit meine Arbeit mit den Tarotkarten ermöglicht haben. Ohne euch hätte ich nicht diese Verbindung zu den Karten aufbauen, mich hineinfühlen und meinen ganz eigenen Zugang finden können. Ich liebe euch!

Und zuletzt gilt mein größter Dank meiner Mentorin und Lehrerin Lindsay Mack, die ich zwar nie persönlich getroffen habe, aber deren Blick auf die Karten und die Welt mir die Tür geöffnet haben zu meinem eigenen Verständnis. You changed my life, Lindsay.

ZUM WEITERLESEN, HÖREN UND SEHEN

Bücher:
Skye Alexander: Modern Witchcraft, Book of Tarot, Avon 2017
Hajo Banzhaf: Tarot für Anfänger, Krummwisch 2017
Brigit Esselmont: The ultimate Guide to Tarot Card Meanings, Scotts Valley 2019
Johannes Fiebig, Evelin Bürger: Tarot, Weg der Achtsamkeit, Krummwisch 2019
Gabriela Herstik: Bewitching the Elements, New York 2020
Bakara Wintner: WTF is Tarot?... & How do I do it?, Boston 2017
Liz Worth: Going beyond the little white Book, Morrisville 2016

Podcasts:
Lindsay Mack: Tarot for the Wild Soul
Theresa Reed: Tarot Bites
Sarah M. Chappell: So you wanna be a Witch?
Amanda Yates Garcia, Carolyn Pennypacker Riggs: Between the Worlds Podcast

YouTube-Videos:
»Discovering the Modern Witch Tarot with creator Lisa Sterle«
https://www.youtube.com/watch?v=1ZGFsBcDELo&t=496s

Kurse:
Lindsay Mack – Tarot for the Wild Soul

Zitatquellen:
Gabby Bernstein: Du bist dein Guru, München 2014
Brené Brown: Braving the Wilderness, New York 2017
Pema Chödrön, When Things Fall Apart: Heart Advice for Difficult Times, London 2005
Lalah Delia: Vibrate higher daily, New York 2019
Michael Ende: Momo, Stuttgart 2018
Mareike Engelke: https://www.instagram.com/p/B_FiKl1HN41/
Kea von Garnier: Die Vögel singen auch bei Regen, Hamburg 2020
Erin Hanson: https://www.instagram.com/p/n3vkenBH_Q/
Suzy Kassem: Rise Up and Salute the Sun, Toronto 2011
Charlie Mackesy: https://www.instagram.com/p/CEpZG7nnA1W/
Sarah Ockler: Bittersweet, New York 2012.
Diana Sans: Tantra-Yoga, Der Weg zum großen JA, Krummwisch 2020
Lilo Schwarz: Das große Tarot-Praxisbuch, Krummwisch 2018
Tara Swart: Die Quelle, München 2019
Henry David Thoreau: Walden, London 2016

Bei Zitaten aus dem Internet konnten leider nicht alle herangezogenen Quellen ausfindig gemacht werden.

Wir danken Danielle Park für die freundliche Genehmigung zur Verwendung des Mini-Spreads »Mirror and Medicine«.

AUSSERDEM BEI KÖNIGSFURT-URANIA ERSCHIENEN

MODERN WITCH TAROT
Lisa Sterle
78 Karten und 144-seitiges Booklet
ISBN: 978-3-86826-557-6

Faszinierend modernes Kartendeck mit starken Frauenfiguren

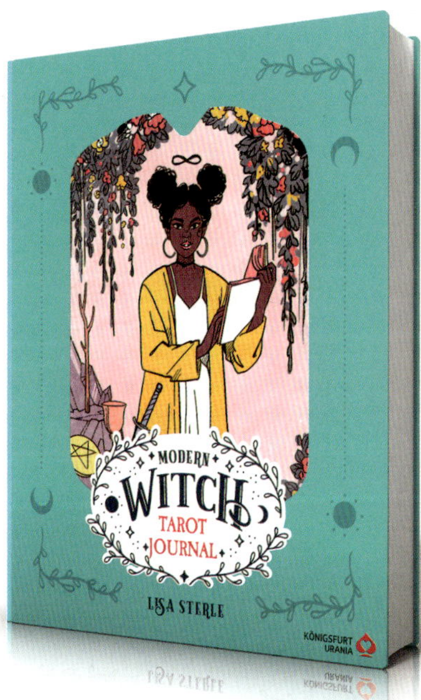

MODERN WITCH TAROT JOURNAL
Lisa Sterle
Das Journal zum internationalen Bestseller Modern Witch Tarot
Zahlreiche Anleitungen und Erklärungen und viel Platz für eigene Eintragungen
256 Seiten
ISBN: 978-3-86826-561-3

KÖNIGSFURT URANIA

www.koenigsfurt-urania.com